English Expressions for Your Successful Speech

英語でスピーチ
そのまま使える表現集

藤井正嗣 ● FUJII Masatsugu
野村るり子 ● NOMURA Ruriko

別売・CD版
英語でスピーチ
そのまま使える表現集

監修／藤井正嗣、野村るり子
収録時間／約70分
価格／税込2520円

耳から学んで
スピーチ英語の
基本表現を
完全マスター！

本書をより効果的に活用していただくために別売のCDをご用意致しました。さまざまなシーンで通用する英語表現の習得に、是非お役立て下さい。

- スピーチでよく使われる次の英文例を収録（サンプル・スピーチを除く）
  ●第1部：セミナーでのスピーチ　●第2部：セレモニーでのスピーチ
- 聴きたい箇所がすぐに引き出せる、小見出しごとに細かく設けた頭出し機能
- ネイティブ・スピーカーによる聞き取りやすい自然な英語

●ご注文方法
このCDは、全国の主要書店で取り扱っております。
店頭に在庫のない場合には、直接小社までハガキまたは電話、ファックス、E-メールにてお申し付けください。
※送料＝国内はサービス、海外は実費となります。

まえがき

　いまを去る30数年まえ，私がまだ大学生だったころのお話です。
　長い受験勉強を終え，晴れて大学に入学した私は，小さいころからあこがれていた柔道部に入部し，連日のように一生懸命，汗を流していました。当然のように夏合宿にも参加し，連日の猛訓練にも進んで参加しました。まだ一年生で白帯でしたが，黒帯の先輩を投げ飛ばしたりして，おおいに意気があがっていました。しかし，おもしろいように決まっていた「出足払い」のやりすぎで右足が内出血を起こし，合宿を途中であきらめ，病院に直行。即刻手術になってしまいました。まだ，柔道の基本がじゅうぶんにできていないうちに足を酷使した結果だったと思います。

◆コミュニカティブな英語を求めて

　柔道はドクター・ストップがかかってしまい，茫然自失になった私がつぎに見つけたのは，小学校から親の言うままに漫然とやっていた英語をもう一度やり直してみようということでした。西荻窪の小さな英会話学校に吸い込まれるようにはいっていったあの日が，私と英語の再出発の日でした。
　今度こそ英語をまじめにやるぞと思い，大学のESS（＝English Speaking Society）など英語クラブの様子ものぞいてはみましたが，どうも違和感を覚えざるを得ませんでした。というのは，そこには「ドラマ」とか「スピーチ」とかのグループがあって，覚えたせりふや原稿を一気に吐き出して満足感に浸るという自己陶酔・自己満足の世界に見えたからです。
　「コミュニケーション」とはそうしたものではないはずだと生意気にも考えた私は，自分が理想とする英語のサークルを自分で立ちあげ，他大学との連携も進め，勉強会や合宿で切磋琢磨したものです。
　なぜ学生時代の思い出から書き始めたかというと，私の英語学習の原点に

スピーチに対するおおいなる抵抗があったことをお話ししたかったのです。リンカーンやケネディのスピーチをそのまま真似して，人前で吐き出しているだけでどうなるという問題意識です。ただそれだけで終わる英語学習であるなら，それはcommunicativeな英語を身につけるのにじゅうぶんでないと思っていました。そういう意味では，いまでも基本的には同じ考えです。

◆**スピーチとは理想を語るもの**

しかし，基本的に同じとはいえ，その後，留学し，ビジネスの世界に身を投じ，30年近くグローバルな舞台で英語を使ってビジネスをしてきた体験から，いまでは少し違った考えももつようになりました。

ちょうどこの原稿を書いているときに，ブッシュ第43代アメリカ大統領の2期目の大統領就任式が行なわれました。同大統領のスピーチは具体論に欠け，理想論に過ぎているとの批判もあるようですが，純粋にスピーチという観点からみると，同大統領のスピーチはたいへん興味深いものです。詳細は本書のコラム「スピーチの極意」に譲りますが，こうしたマスコミの批判は本質的にはあたっていないといえます。つまり，スピーチとはそうしたもの，理想を語るものこそがスピーチだということを申しあげたいのです。

私は，スピーチの本質は以下の五つに要約できると考えています。

①―スピーチは，リーダーがするもの。
②―スピーチは，リーダーがビジョンを語るもの。
③―スピーチは，聴衆に感動を与えるもの。
④―スピーチは，人生の節目で行なわれるもの。
⑤―スピーチは，全人格を表わすもの。

個別に解説します。

①―大統領就任演説をはじめ，新年会や入社式，海外の新しい拠点の開所式，卒業式，パーティー，お別れ会など，こうした場面でスピーチをするのは，その場における広い意味でのリーダーたちです。

②―そうした場で，リーダーたちはみずからのビジョンを語ります。詳細なデータを多用した緻密なストーリー展開ではなく，時空をも超える壮大な

ドラマを演じるのです。
③——聴衆はリーダーの語る壮大なドラマに感動し，同じ思いを共有する仲間であることを認識し，明日への一歩を踏み出す勇気を得ます。
④——スピーチは年がら年中，行なわれるわけではありません。リーダーが思いを語るにふさわしい節目のイベントで行なわれるのです。
⑤——スピーチには，リーダーが語る言葉や声の強弱・ピッチ・トーンだけでなく，顔や目の動き，体のしぐさなど，その人のすべてが表われます。つまり，リーダーの全人格が表われてくるのです。

　まとめましょう。私たちが接するセミナーやパーティーでの「スピーチ」は，むしろ「グリーティング」に近く，本来の「スピーチ」はこのようにドラマチックなものといえます。そして，優れたスピーチができるということは，優れたリーダーの証なのです。
　そこで，本書は「グリーティング」も「スピーチ」もともに念頭におき，テーマ別に応用自在の文例を数多く提示し，スピーチのサンプルも紹介して，ビギナーにもリーダーにも活用していただけるよう工夫を凝らしました。
＊　　　　＊　　　　＊
　本書は前2作と同様，野村るり子さんとのコラボレーションの結果できあがったものです。さらに，彼女がリーダーとして活躍をしておられるホープスのスタッフのエネルギッシュかつ緻密なリサーチ力なくしては，本書は世に出ることはなかったと思います。また，前2作と同様，この本の制作では友兼清治さんと嶋田ゆかりさんに全面的にお世話になりました。
　読者のみなさんが『英語でプレゼン』『英語でミーティング』とあわせて本書をおおいに活用され，グローバルな舞台で活躍するリーダーとして大きくはばたかれることを心より願っています。

　　2005年　春

藤井　正嗣

●本書のおもな特徴

　スピーチをつくるうえでたいせつなことは数多くの優れた作品に出合い，それらからヒントを得て「自分らしい作品」を創造することです。本書ではこれらのことを体験してもらうために応用可能な数多くの文例と，スピーチ・ライターが書き下ろした典型的なスピーチ・サンプルを紹介しています。

◆ビギナーからベテランまで無理なく多様に活用できます
① 　中学や高校の英語の教科書で紹介されている英文法に準じて文例を選択。中学卒業程度の英語力で無理なく利用できる。むずかしい文例や用語には＊印をつけ，ワンポイント解説。
② 　英語を使う機会の少なかったかたから，すでにビジネスで英語を使いこなしているかたまで，誰にでも効果的に学習ができるよう難易度の低いものから高いものまで多様な文例を紹介。配列にも配慮。
③ 　テーマごとに模範的なサンプル・スピーチを紹介。これらは会の性格に即して，スピーチをどう構成するかを学ぶのに最適。

◆セミナーからセレモニーまでさまざまなシーンに対応できます
　第1部はセミナー，第2部はセレモニー，第3部はプライベートとスピーチをシーンによって大別し，さらにそれぞれに応用可能な基本フレーズをテーマごとに小分割して紹介していますので，それらを組み合わせれば，さまざまなシーンに的確に対応できます。第4部は技術編です。

◆実践的な「使える英語」を中心に徹底した文例主義です
① 　できるかぎり単文化した文例は，用途や状況にあわせて組み合わせ自由。しかも使用頻度の高い約700文例を精選。
② 　ビジネスの現場感覚にこだわる実践的な文例を中心に「使える英語」を

厳選。さらにプライベートな内容にも対応できる例文も数多く収録。
③　受付や案内での会話，トランジット英語，感情を表わす表現など身につけておくと便利な決まり文句も豊富に紹介。

◆スピーチを成功させるコツとノウハウを紹介しています

　スピーチを成功に導くポイントやその秘訣，素材の集め方から原稿のつくり方まで，聴衆を魅了する技術と心がまえを具体的に解説しています。

◆詳しい目次で探したい文例がすぐに見つけられます

　自分の欲しい文例がすぐに見つけられるよう，目次には本書に収録したすべての基本表現を掲げました。索引としても活用できて便利です。

◆スピーチの真髄に触れるコラムは必読です

　国際化したビジネス界で長年，エグゼクティブとして活躍され，いまは大学で教鞭をとる藤井正嗣氏のコラム「スピーチの極意」は深い示唆に富んでいます。その基層に流れるスピーチ観はビジネスの最前線にいる読者に刺激的なだけでなく，スピーチを学術的に学びたい読者にも発見が多いでしょう。

◆CD利用のすすめ

　本書をより効果的に活用していただくために，ネイティブ・スピーカーによるCDを別に用意しました。このCDには，使用頻度が高いと思われる第1部と第2部のすべての文例を収録してあります。聴きたい文例がすぐに引き出せるように細かく頭だしを設け，該当個所には本文中にCDマークをつけてあります。

　いまやグローバルな社会です。読者のみなさまが国際的なビジネスや文化交流の場で活躍する際に本書がお役に立つことを心より願っています。

野村るり子

目次

● まえがき＋本書のおもな特徴 …………………………………………… 3

第1部 セミナーでのスピーチ──営業や経営の発展的な交流

第1章 主催者や来賓・講師の挨拶──参加者への細かな配慮

❶──主催者の歓迎の挨拶 ………………………………… **CD1**… 24
　▶開会・歓迎のことば
　〜を開会します／〜を代表してご挨拶申しあげます／〜にご出席くださり，ありがとうございます／〜をお迎えできて光栄です／〜となるよう期待しています／〜が有意義なものになれば，このうえない喜びです／〜をもって歓迎の挨拶とします
　▶閉会のことば
　会を終了します／ご出席ありがとうございました／ご協力に感謝します／今後〜するよう希望します／〜をもって閉会の挨拶とします

❷──司会者・議長の挨拶 ………………………………… **CD2**… 27
　議長として歓迎のご挨拶をいたします／司会を務めます／司会を務める〜と申します／進行役を申しつかりました／〜に焦点を絞って進めます／遠慮なく意見交換をしてください／資料のコピーを用意してあります／〜するよう，プログラムを用意しました／〜をお迎えしています

❸──来賓・講師の紹介 ………………………………… **CD3**… 30
　講師の〜さんをご紹介します／〜さんは〜をしてくださいます／〜と題してお話しいただきます／パネラーについて二，三お話しします／改めてご

8　目次

紹介するまでもないでしょうが／よくご存知のことと思いますが／学会で注目されています／将来を嘱望されています／国際的に高く評価されています／〜で生まれ，○年に〜を卒業，○年に博士号を取得しました／〜に取り組んでいます／〜をしています／拍手でお迎えください

❹ 来賓・講師の挨拶　　　　　　　　　　　　　　　　　CD4 … 33
身にあまるお言葉をいただき恐縮です／過分なご紹介をいただき〜／ご招待ありがとうございました／この場に立てて名誉に思います／〜で話す機会をいただき光栄です／ものたりないかと思われますが，ご容赦ください／〜についてお話しします／〜の体験をご紹介します／英語でのスピーチは不慣れです

❺ 自己紹介・自社紹介　　　　　　　　　　　　　　　　CD5 … 36
〜にある〜会社の〜です／私は〜といい，〜から来ました／〜に勤めています／〜を担当しています／〜の責任者です／〜の主任研究員です／〜の主任です／○年から○年間，〜に滞在しました／○年間〜に単身赴任しました／○年に〜大学を卒業しました／入社後，〜としてスタートしました／当社の概要をお話しします／業界○位の会社です／〜を専門とする会社です／社名は〜を表わしています／○年に〜として設立されました／○年前に徒手空拳で興しました／〜は会社概要をご覧ください／〜からは新製品の発表会を行ないます

┌─◆サンプル・スピーチ─────────────────┐
│　①─**開会の挨拶**：国際ビジネス会議での主催者による歓迎の辞……40
│　②─**講演会**：国際教育会議での司会者の挨拶と講演者の紹介………42
└────────────────────────────┘

第2章　ビジネス営業セミナー──社会の動向に敏感な対応

❶ 国内の経済状況　　　　　　　　　　　　　　　　　　CD6 … 46
円高経済の対処法を考えます／円高は〜に大きな影響を及ぼしています／〜市場では○円につけています／経済は構造的な変化をきたしています／インフレ懸念で〜です／景気へのテコ入れ策として〜します／〜が切実な

問題になっています／〜に力を注ぎ，経済活動を刺激してきました／経済成長の理由に〜があります／人件費削減のために〜を増やしています／金利が〜なため，〜が増加しています

❷ 海外進出 ……………………………………………… CD7 … 49
ヨーロッパ市場には進出する余地があります／消費者は〜を求めています／国内市場は〜するほど大きくありません／輸出品の○パーセントは〜向けです／海外投資に乗り出すべきです／貿易黒字は○ドルにのぼります／アメリカは〜の市場開放を要求しています／日米の貿易不均衡は〜です／保護貿易を改め，〜を促進すべきです／〜の経済競争力の〜はめざましいです／品質で〜と勝負せねばなりません

❸ 営業戦略 ……………………………………………… CD8 … 51
わが社の新商品〜を発表します／〜の理由から〜という商品名をつけました／従来品に比べて軽量です／高品質を達成しました／〜という価格は市場でベストです／他者の製品の半額です／〜によって〜を達成しました／広範囲な消費者にアピールできることを保証します／魅力をご理解いただけたことと思います／キャンペーンの目的は〜です／最優秀賞は〜です／報奨金が出ます／対面コミュニケーションが効果的です

❹ 日本経済の展望 ……………………………………… CD9 … 54
改善するために〜を提案します／情報社会になりつつあります／〜を乗り切るアイディアを模索すべきです／最悪の事態に備える必要があります／洞察力に富んだ人材が必要です／経済を活性化するには〜する必要があります／〜は大きな政治課題になるでしょう／年功序列が減り実績主義が増えるでしょう／環境意識の高まりが〜な製品を求めるでしょう／この地は〜の拠点になるでしょう／情報が〜を揺り動かす時代になりました／経済の構造改革なくして〜はありません

◆サンプル・スピーチ
　③ 新規プロジェクト発足会：社長による内容とスタッフの紹介 …… 58
　④ 閉会の挨拶：国際ビジネス会議での主催者による感想と謝辞 …… 62

第3章 ビジネス経営セミナー——当を得た簡約な説明

❶ 経営方針 ································· CD10 ··· 66
〜が日本製品の高品質の理由です／日本人は〜します。たとえば……／意思決定に時間がかかります／ボトム・アップで意思決定をします／仕事をすることで帰属感を得ます／日本人の労働観が〜である一方、アメリカ人は〜です／当社のビジネス哲学は〜です／〜であることが，信頼を得る最良の策です／労使間のコミュニケーションに力を入れています／〜の哲学にもとづいて社会に貢献します

❷ 会社の概要 ································· CD11 ··· 69
○年に〜によって設立されました／〜をする会社です／〜以来、着実な伸びを示しています／〜は業界○位です／営業所は〜にあります／本社は〜を扱います／五つの組織から構成されます／わが社の誇る〜をご紹介します／ロボットが高品質の製品を作ります／オンライン・システムで迅速に届けます／○種類以上のサークルがあり，活動しています／○週間の夏休みがあります

❸ 雇用システム ································ CD12 ··· 72
終身雇用を実行しています／年功序列制度は若い人のやる気を奪います／年功序列制度は障害となりつつあります／女性社員の雇用を促進すべきです／社員に外国語を学ぶ機会を与えています／海外研修制度があります／帰国後〜を把握することが重要です

❹ 人事と定年 ·································· CD13 ··· 74
〜さんを〜に任命します／毎年○月に昇進・転勤の辞令を発します／昇進は〜の推薦にもとづいて行なわれます／転勤は〜の推薦で決定します／転勤の辞令は断わることができます／定年は○歳です／早期退職も認めています

❺ 企業合併 ···································· CD14 ··· 75
〜と合併することになりました／〜に吸収されることになりました／〜として業務を開始することになりました／吸収ではなく，平等合併です／よ

り〜な市場を開拓できるようになります／ライバル意識をプラスに転化してください／以前と変わらぬ仕事ぶりを発揮してください

◆**サンプル・スピーチ**
　⑤—**ビジネス・セミナー**：主催者による趣旨説明……………………78
　⑥—**開会の挨拶**：世界女性経営者会議での司会者の内容説明………82

補章　受付や案内でよく使う決まり表現——知っ得フレーズ集❶

CD15 → CD16

①フロント（手続き／参加申込書の書き方）……86／②インフォメーション・デスク（案内と手配／支払い／通訳）……88

第2部　セレモニーでのスピーチ——余韻が残るユーモアやウィット

第1章　歓迎会／昇進祝い／送別会——心をこめた激励と感謝

❶—**他者紹介** ……………………………………………………… CD17 … 96
○年連続して〜なさいました／一貫して〜の分野で活躍してこられました／〜さんの精力的な取り組みがなければ，〜できなかったでしょう／〜で活躍の高名な〜です／同時によき夫，やさしい父親でもあります／彼ほど〜な人には会ったことがありません／〜として優秀なだけでなく，〜でもあります

❷—**新入社員の歓迎会** ……………………………………………… CD18 … 98
心から歓迎の意を表します／お迎えできてうれしく思います／みなさんは○人のなかから選ばれたのです／〜の一員になったことを誇りに感じているでしょう／新しい勢力が必要です／〜は異なりますが，共通の目的をもっています／みなさんには〜が備わっています／全力で取り組んでくださ

い／社会の幸福のためにも働いてください／共に手を携えて仕事をしましょう／夢を達成しましょう

❸ 新任者・研修生の歓迎会　　CD19 … 100
新しいボスの～さんをご紹介します／～に向けて派遣されたみなさんを歓迎します／～さんが～さんの後任です／～さんは～のポストに就きます／～さんの仕事を引き継ぎます／～さんが～に赴任されるのは有益です／私が～として赴任した～です／～なので～に参加しました／英語には自信がありません／～の関係で家族は日本に残ります／～は○回目の訪問です／○年間ご一緒するのが楽しみです／文化を分かち合えたら幸いです

❹ 昇進祝い　　CD20 … 103
～に昇進なさってうれしく思います／～への昇進おめでとうございます／～さんのご指揮のもと，～するでしょう／昇進祝いにご出席ありがとうございます／昇進を実現させてくださったかたにお礼を申しあげます／昇進できたのはみなさんのおかげです／大任に身が引き締まる思いです／キャリアのうえで大きな前進です／みなさんの協力と支援があれば，～できます

❺ 転勤者・退任者の送別会　　CD21 … 105
～さんがいなくなることは大きな損失です／～さんが離日なさるのは悲しいことです／寂しくなります／あなたは～を与えてくださいました／～さんは私たちの誇りです／～に移っても，～であると確信します／幸福をお祈りします／お世話になったみなさんにお礼を言いたかったので，～しました／お世話になりました／振り返ってみると，～と感じられます／最初の数か月は～するのに一所懸命でした／みなさんが～してくださったことを感謝しています

❻ 転職者・退職者の送別会　　CD22 … 108
～さんは転職して～に就任します／ご健闘をお祈りいたします／新しい仕事で～なさるようお祈りいたします／うまくいきますように／お辞めになるのは残念です／別れを告げるのは悲しいことです／記念品を贈ります／健康にご留意ください／送別会を開いていただき，感謝します／長いあいだお世話になりました／私は幸せです／友情に感謝します／今後は異なる

分野で自分を試してみます
◆サンプル・スピーチ
- ⑦─歓迎会：副社長の新入・昇進社員やインターンへの激励………112
- ⑧─送別会：上司による転職する部下へのはなむけの言葉…………116

第2章 オフィシャル・セレモニー──意欲的な決意と所信

❶─**新年会／仕事始め** ……………………………………………… CD23 … 118
あけましておめでとうございます／みなさんと新年を迎えられてうれしく思います／伝統的な正月料理をご賞味ください／力を合わせて乗り切りましょう／〜してはじめての新春です／重要な1年になるでしょう

❷─**会社の設立／創立記念日** ………………………………… CD24 … 119
創立〇周年にお出でいただき感謝します／事業を開始します／操業を開始します／〜を乗り越えて設立しました／地元経済の活性化に貢献します／地域の発展に尽くします／〜は〜となることをお約束します／ご支援をお願いします／〜はみなさまのおかげです／過去〇年のあいだに何度もピンチを切り抜けてきました

❸─**新社屋の完成／新支店・新店舗の開店** ………………… CD25 … 122
新支店のお祝いにご出席いただきありがとうございます／新社屋が完成しました／新店舗が竣工しました／〜の将来は〜店にかかっています／この地を選んだのは〜だからです／みなさんのご支援とご理解が必要です

❹─**目標達成の祝賀会** …………………………………………… CD26 … 123
〜の目標が達成されました／プロジェクトを完了しました／目標を〇パーセント上回りました／〜の内容を説明します／〜に「ありがとう」と申しあげます／〜に感謝します／〜がなければ，完成できなかったでしょう／〜が成功の鍵です／よくやってくれました

❺─**会社訪問** ……………………………………………………… CD27 … 126
〜を訪問中の〜さんをご紹介します／〜さんをお迎えできて喜んでいます／〜を見学していただきます／〜するよう命じられてまいりました／訪

問の目的は～です／ゼロ・ディフェクトの秘訣を教えてください／一緒に仕事ができるのを楽しみにしています／直接お会いすれば，～だと思いました／感銘を受けました

❻—忘年会／仕事納め ……………………………… CD28 … 128
～ななか，おいでいただきありがとうございます／1年間のお骨折りに感謝します／よい年でした／よい年ではありませんでした／最高の仕事をなさいました／ご苦労さまでした／いろいろなことがありました／よい年でありますように

◆サンプル・スピーチ
⑨—会社の設立記念祝賀会：設立の挨拶と新会社の紹介 …………130
⑩—目標達成を祝う会：社長による新規プロジェクト完了の報告 …134

第3章 パーソナル・セレモニー——衷心からの祝意と敬意

❶—バースデー・パーティー …………………………… CD29 … 138
誕生日おめでとう／これからもお元気で／～を開いたのは感謝の気持ちを伝えたかったからです／とてもその年には見えません／～さんのもとで働くのはすばらしいことです／プレゼントを用意しました／～を贈ります／～の誕生日に乾杯／尊敬と称賛をこめて～します／この誕生日がすばらしい日でありますように／健康と繁栄に恵まれますように

❷—受賞・入賞パーティー …………………………… CD30 … 141
～賞を～さんに贈ります／～の感謝のしるしに～を贈ります／～をたたえて～賞を贈ります／授賞の対象となった～は～です／受賞者には～が贈られます／賞の贈呈を行ないます／たいへんな名誉に思います／なんとも言葉がありません／感慨無量です／夢にも思っていませんでした／～と受賞の栄誉を分かち合いたいと思います／～の助けがなければ，～できなかったでしょう／これからもベストを尽くします

❸—クリスマス・パーティー …………………………… CD31 … 144
メリー・クリスマス／この1年はすばらしい年でした／今年はどんな年で

したか？／このようなアット・ホームな場でお会いできてうれしく思います／〜は〜という目的で開かれるクリスマスの恒例行事です／これを機会に，より親しくなれますように／愛と平和を分かち合えますように／遠慮なく食べ，おおいに楽しんでください／ゆっくりしていってください／準備してくださったかたに感謝します／〜を代表して，お招きいただいたことにお礼申しあげます／ごちそうを満喫しました／ともにひとときを過ごせたのが何よりです

❹ 結婚披露宴／結婚記念パーティー ……………………………… CD32 …… 147

ご結婚おめでとう／ご結婚が〜でありますように／〜な人生を歩まれますように／披露宴にお招きいただき，感謝の意を表します／〜に代わってご挨拶申しあげます／幸せな結婚生活のスタートを切るでしょう／あなたはラッキーです／新婦を○年まえから知っています／お祝いの言葉とさせていただきます／結婚○周年をお祝い申しあげます／たいへん長く感じられます／結婚○周年には〜が贈られます

❺ 葬儀／告別式 ……………………………………………………… CD33 …… 150

急逝の知らせにショックを受けました／ご遺族のかたがたに〜／ご母堂のご逝去を悼み〜／お悔やみ申しあげます／空虚な穴を残しました／悲しみは言葉では表わせません／偉大な貢献をなさいました／心のなかで生きつづけるでしょう／〜を感謝いたします

◆サンプル・スピーチ
　⑪──コンテストの表彰式：受賞者による喜びと今後の決意 ……… 152
　⑫──クリスマス・パーティー：主催者による歓迎の言葉 ………… 154

補章　**話の流れをつくるのに便利な表現**──知っ得フレーズ集❷

CD34 → CD40

①呼びかけ……156／②歓迎……158／③切り出し……159／④乾杯……162／
⑤話題の転換……164／⑥お礼……167／⑦結び……168

第3部 自分や自国を語るスピーチ——国際化社会での異文化交流

第1章 趣味・特技・体験を話す——楽しくて豊かな時間

❶——趣味・特技 ･･･ 176

私は〜が大好きです／かわいくて，かわいくてたまりません／〜を見学したことがあります／今度は〜を計画しています／〜は私の生活の大部分を占めています／〜よりも〜のほうが好きです／〜は興味深い〜です／〜さえしていられれば，満足です／いつか〜をして〜してみたい／〜をコレクションしています／最近，〜に挑戦しています／若いときから〜を楽しんでおります／私は〜の会員です／〜を咲かせ，〜を飾っています／〜が高じて，〜をやっています

❷——忘れ得ぬ体験 ･･･ 179

〜を通じ，異文化をもつ人びとと出会いました／子どものころから外国語が〜です／〜語はいつも落第点でした／道に迷ったときは恐怖でした／やさしい言葉に励まされました／挫折がいまや生きる糧です／あの〜体験がいまの支えです／すてきな笑顔は救いです／〜を経験してはじめて〜を知らされます／売上日本一を〜できました／アメリカ留学は〜な体験でした／〜以来，〜感覚を身につけました／〜と言われた〜は忘れられません／〜の体験がいまの仕事につながっています／〜のとき，じつは扉が開かれる／〜が私の人生のすべてです／旅の醍醐味は〜です

❸——感動した体験 ･･･ 183

〜に思わず涙を流しました／〜は感動的でした／〜に合格できて最高です／〜できず号泣しました／〜は忘れられません／〜はかなりきつく，辛かったです／〜はいままででいちばん悲しいできごとでした／さすがに怒りがこみあげてきました／〜して〜，当時はふさぎこむ以外ありませんでした／〜の末，〜したときはうれしくて小躍りしました／もう，これ以上

がまんできません／ショックをお察しください／まったく予想外，ビックリしました／〜したときは驚きでからだが震えました／〜の感動を噛みしめております

◆サンプル・スピーチ
⑬──旅行先での不思議な体験：日本人女性による旅行の感動……186
⑭──わが両親の結婚秘話：男と女の奇跡のような出会い………188

第2章 感想・意見・主張を述べる──暮らしの習慣と私見

❶──日常生活 ………………………………………………… 192
好きな食べものは〜です／デザートは〜が一番です／自慢の〜を〜します／家族と〜を心がけています／〜は〜ですが，〜ではありません／〜を好んで着ています／〜ですが，〜を楽しんでいます／妻が〜で，私が〜です／○時に床につき，○時に起きます／休日には〜をしています／夫婦で〜をしています／〜がわが家のモットーです／2世帯住宅に〜と暮らしています／かなり健康だと思っています

❷──政治・社会 ……………………………………………… 195
〜の問題について意見を述べます／〜が〜問題を生み出しています／〜の理由を探ってみましょう／最近，〜が変化しています／いまや〜できません／〜は〜を反映しているといえます／〜を必要としているが，まだまだです／〜するためには，〜は必要不可欠です／〜するには〜が必要です／〜すると，〜するにちがいありません／〜のあいだに政治への無関心が広がっています／〜するためにも〜すべきです／〜は社会不安の表われといえるでしょう／〜の活動は〜の役割を果たしています／〜は多大な影響を与えます

❸──教育・福祉 ……………………………………………… 198
困難な〜こそが〜を育てます／塾通いに追われ，〜する暇もありません／最近，〜の傾向があります／教育費がかかりすぎます／勉強したいシニアが増え，〜が盛況です／英語教育の重要性が増しています／子育てには〜

が必要です／教えるのではなく，〜が大事です／〜で，〜の心が育ちます／知識が〜でも，知恵が〜とは限りません／これからは〜の充実が急がれます／年金や介護の改善を要求すべきです／障害をもつ人たちの〜は，〜にとっても〜です

❹—文化・科学技術 ……………………………………………… 200

日本料理は〜です／〜の普及が〜に大きな影響を与えています／文化財が数多く残されています／世界に誇れる職人技術の伝統があります／〜は日本を代表する舞台芸術です／〜は日本人特有の精神世界をつくっています／日本の自然は〜で，〜は見事です／日本には世界に誇れる〜技術があります／ハイテクは〜していますが，ローテクも〜です／最新の〜に対する関心が高まっています／このまま〜が進むと，〜する可能性もあります／〜が合法化されると，〜が起こるだろうか／安楽死は〜です／衛星放送のおかげで〜することができます

◆**サンプル・スピーチ**
　⑮—日本の伝統芸術：歌舞伎や能，華道や茶道の精神と様式……204
　⑯—現代日本の社会風潮：科学技術の進歩とモラルの低下………208

第3章 生活・仕事・人生を語る——生きることへの信条

❶—出生・結婚・家族・健康法・子育て ………………………… 212

いまは〜に住んでいますが，〜の出身です／〇年に〜で生まれました／〜で知り合い，結婚しました／おかげさまで，今年，銀婚式です／妻が〜，私が〜の夫婦です／私には〜の家族がいます／〜しておりますので，介護問題に関心があります／わが家は〜を心がけ，〜に気をつかっています／健康を考え，〜をしています／テニスに明け暮れていました／〜な性格なので，〜しません／わが家は〜一家です／育てるつもりで，育てられることばかりです

❷—仕事・職業・会社 ……………………………………………… 215

〜に勤めて〇年，〜という仕事が大好きです／仕事こそが〜と実感してい

ます／営業マンでしたが，いまは〜です／〇歳のときに独立し，いまは〜を経営して〇年になります／仕事を完成させたときの感動は〜です／〜こそ仕事で得た最大の教訓です／職場には〜で通っていますが，〇時間ほどかかります／年功序列制が〜され，給料も〜になりました／上司や同僚に恵まれ，〜です／職場は〜の組織で，〜ではありません／人間の素質には総合職型と専門職型があるようです／燃焼しつくして退職できたら，〜です／仕事って〜ですが，〜は代えがたい〜です／日本人はワーカホリックだといわれます／日本人の仕事に対する意識は〜です／仕事を生きがいと思っています

❸──人生・座右の銘 ……………………………………………… 218

迷惑のかけっこ，お世話のしっこです／人生に〜ほど尊いものはありません／〜はかけがえのない財産です／〜は人間を育てます／まもなく定年，〜なので悔いはありません／人生は二毛作です／〜という夢をかなえることができました／〜な暮らしを心がけています／〜とは言いませんが，〜が人生を豊かにします／私の20代は〜でした／〜と，波乱に満ちた人生でした／大きな決断をするときに必要なものは〜です／〜の両立こそが目標だと思いませんか／〜はかつて〜と言いました／〜という言葉を座右の銘にしています／悩むと，いつも〜し，〜に励まされます／般若心経は〜だと感じています

◆サンプル・スピーチ

　⑰──生きることと信仰：恐怖体験にもとづく人生への問い………222
　⑱──異文化社会を生きる人生：日系3世が受け継ぐ文化体験……226

補章　**感情を伝えるのに的確な表現**──知っ得フレーズ集❸

①喜び……230／②怒り……232／③失望・悲しみ・同情……233／④驚き……235／⑤興奮・感動……236／⑥不安・困惑……237

第4部 成功するスピーチの技術——アイディアとコツ

第1章 成功に導く三つのポイント——魅了するための心得

1——プロセスを意識する ————————————ポイント❶ ……… 242
　デリバリーのプロセス／準備のプロセス
2——スピーチ・スキルを身につける ——————ポイント❷ ……… 245
　言語的なスキル／非言語的なスキル／スキル・アップ・トレーニング
3——便利なツールを活用する ——————————ポイント❸ ……… 247
　情報カード／録音機器／評価シート

第2章 有益な材料を集める——情報収集のコツ

1——情報の種類 ……………………………………………………… 249
　［主観的な情報／客観的な情報］
2——情報収集の方法 ………………………………………………… 249
　題材メモ／文書引用
3——情報の選択から活用まで ……………………………………… 251
　ステップ①—状況の把握／ステップ②—目的の明確化／ステップ③—カードの選択／ステップ④—主題の決定とポイントの抽出

第3章 魅力的なスピーチ原稿を作成する——構成のコツ

1——思考ツリー ……………………………………………………… 254
2——アウトライン …………………………………………………… 255
3——スピーチ原稿の作成 …………………………………………… 256

第4章 完成度の高いスピーチを行なう──トレーニングのコツ

1──スピーチ完成までの工程に沿ったトレーニング……………… 258
　アウトラインの理解・記憶／言語的なスキル・トレーニング／非言語的なスキル・トレーニング／リハーサル（合格）
2──聴衆を惹きつける3要素 ……………………………… 261
　［視覚情報／聴覚情報／言語情報］
3──完成度の高いスピーチをめざす……………………… 262
　視覚的な効果／聴覚的な効果
▶スピーチ練習・評価シート ……………………………… 266

スピーチの極意
❶　スピーチとプレゼンの違い…………………… 90
❷　実りあるコミュニケーションを導く3C……………… 94
❸　感動のスピーチ"I Have a Dream."………………… 170
❹　卒業式での旅立ちのスピーチ………………… 239
❺　スピーチの達人たち………………… 267

装丁＋本扉……………………………インターワーク出版
中扉　………………………………………高橋すさ子
本文レイアウト……………………………峰　啓輔

第1部

セミナーでのスピーチ
営業や経営の発展的な交流

Part One : Speeches at Seminars—Exchanges on Sales and Management in Expanded Forms

第1部の英文例はサンプル・スピーチを除きCDに収録してあります。頭出し番号はCD1からCD16までです。

第1部　セミナーでのスピーチ

第1章
主催者や来賓・講師の挨拶

——参加者への細かな配慮——　　　　　　**CD1**

　主催者の挨拶も来賓・講師の挨拶も，「語る側と聞く側との距離を縮める」という同じ目的をもっています。挨拶の場を借りて，イベント開催の目的や発表者のプロフィール，スピーチの内容といったものを明確にし，語る側と聞く側との共通認識を増やしておきましょう。また，互いが一つの場に集まれたことに感謝し熱心に話せば，互いの言葉が心に届くはずです。

1—主催者の歓迎の挨拶

　主催者は歓迎の挨拶のなかで，イベント・タイトル，誰がどのような立場で挨拶をしているのか，会の目的などを端的かつ明確に伝えなければなりません。そのうえで忘れてはならないのが，ゲスト・スピーカーや講師，その場に集まったすべての参加者に対する感謝の意を述べることです。

　　　　　　＊　　　　　　＊　　　　　　＊

▶開会・歓迎のことば ─────────────

〜を開会します ────────────────

　ここに第8回国際環境会議の総会の開会を宣言します。
> I declare the 8th General Assembly on the International Environment now open.

　第14回国際知的所有権会議を開会いたします。
> The 14th meeting on Intellectual Property Rights is called to order.

～を代表してご挨拶申しあげます

きょうこちらにお越しいただいたみなさまがたに主催者を代表してご挨拶申しあげたいと思います。

> I'd like to extend greetings to all of you here today on behalf of all of the organizers.
>
> ＊— extend greetings は「挨拶をする」の形式的な表現です。また，on behalf of＋名詞は「～を代表して」の意味です。

～にご出席くださり，ありがとうございます

ご出席のみなさま，今夜はこのセミナーにご出席くださり，まことにありがとうございます。

> Ladies and gentlemen, it is a great pleasure for me to welcome you to our seminar this evening.

～をお迎えできて光栄です

世界各国から代表のかたがたを国際経営学会にお迎えすることができ，主催者側として非常に光栄に思っております。

> It is a great honor and privilege to welcome you as delegates from all over the world to the International Management Conference.

～となるよう期待しています

お互いの国際理解を深めながら，参加者のみなさまお一人おひとりが新たな発見を得る場となりますことを期待しております。

> As we endeavor to deepen international understanding, we look forward to the opportunity for each and every one of the participants here to make fresh discoveries.
>
> ＊— look forward to＋名詞は「～を／～することを楽しみにする／期待する」の意味で，I'm looking forward to seeing you. のように，前置詞 to のあとの動詞はかならず動名詞にします。

～が有意義なものになれば，このうえない喜びです

本会がご参加くださいましたみなさまにとって有意義なものとなりました

ら，主催者一同にとってこのうえない喜びです。

> In our role as sponsors, we sincerely hope that this conference will prove to be a source of special significance for each and every one of the participants here.
>
> ＊― prove to ＋動詞は「～とわかる」「～となる」の意味です。

～をもって歓迎の挨拶とします

この国際会議の成功をお祈りいたしますとともに，限られた日数ではありますが，参加者のみなさまが日本での滞在を楽しく有意義に過ごされることをお祈りし，歓迎のご挨拶とさせていただきます。

> I wish to say to the delegates to this international gathering, as brief as it may be, that it is my desire that not only this conference should achieve the greatest success, but also your visit here in Japan will prove to be a pleasant and meaningful one.
>
> ＊― a pleasant and meaningful one の one は，visit を代用する代名詞です。

▶閉会のことば

会を終了します

みなさまがたにご参加いただいたことに，そして何より，非常に活発で有意義な意見交換を展開していただいたことに感謝しつつ，この会を終了したいと思います。

> I'd like to close the proceedings now by expressing my appreciation to all of the participants for your attendance, especially for your lively exchange of valuable views here.

ご出席ありがとうございました

ご出席いただき，また有益なお考えを共有させていただき，ありがとうございました。

> I thank you for your participation and also for sharing your valuable ideas and opinions.

ご協力に感謝します

司会者，講演者のみなさま，ならびに参加者のみなさまの積極的なご協力に感謝いたします。

> I wish to express my appreciation to our Master of Ceremonies, to our speakers, and also to our guests for their positive spirit of co-operation.

＊—「司会者」は Master of Ceremonies，略して M.C. です。口語で em.cee（司会をする）のように動詞としても使われます。

今後～するよう希望します

私は，参加者のみなさまが本セミナーの成果をもって自国へ戻られ，学んだことを実践してそれぞれの商品開発をさらに成功されることを心から希望いたします。

> It is my desire that all of you, as you return to your homes with the achievements made possible by this seminar, will be able to utilize what you have learned and enjoy further success in the field of product development.

＊—utilize what you have learned ～の what 以下は，「～したこと」を表わす関係代名詞節です。

～をもって閉会の挨拶とします

このセミナーを実りあるものにするために尽力なさり，また，的を射たご質問やご回答で私たちの理解をより深めてくださった参加者のみなさまがたお一人おひとりに重ねて感謝の意を表明し，私の閉会のご挨拶とさせていただきます。

> I'd like to conclude here by thanking all of you again for your efforts in ensuring that this seminar should prove to be such a success and for your pertinent questions.

2—司会者・議長の挨拶　　　　　　　　　　　　　　CD2

司会者や議長はイベントの進行・調整を行なう立場にあります。そのた

め，合図一つで参加者を誘導できるだけの指導権を握らなければなりません。一方で，ゲスト・スピーカーや講師の邪魔にならないよう黒子に徹することも必要です。この位置づけを挨拶の場で明確にしておくことがたいせつです。

* * *

議長として歓迎のご挨拶をいたします

会員のみなさま，ご来賓のみなさま，ようこそおいでくださいました。議長といたしまして，ひとこと歓迎のご挨拶をさせていただきます。

> As chairman, I'd like to welcome the members of the conference and the honored guests.

司会を務めます

本日は食品協会の第4回定例会にご出席いただき，まことにありがとうございます。こんばんは。私は中村明子と申します。本日の司会を務めさせていただきます。

> Good evening. My name is Akiko Nakamura, and as I have been asked to preside over today's meeting, I thank you for your attendance here today at the fourth regular conference of the Grocers' Co-operative Association.
>
> *―I have been asked to preside over は「～を務めるように要請されている」という意味の現在完了形の受動態です。

司会を務める～と申します

本日の司会を務めます田中秀樹と申します。プログラムに従って本研究会を進めてまいりたいと思います。みなさま，ご協力のほどよろしくお願い申しあげます。

> My name is Hideki Tanaka, and I am to serve as chairman of today's meeting. I'll be dealing with the research group, and looking forward to working with you.

進行役を申しつかりました

5日間にわたる本セミナーの進行役を申しつかりました関東商事・第4営

業部長の林健三と申します。

> I'd like to introduce myself: my name is Kenzo Hayashi, chief of the fourth administrative division of Kanto Shoji, Inc. I'll be presiding over this five-day seminar.

～に焦点を絞って進めます

お手もとのプログラムにもございますように，本セミナーでは，IT業界が現在，直面している主要な諸問題を個々の会社がどう好機に転じるかに焦点を絞って進めたい思います

> As stated in your programs, we shall be focusing on key challenges that the field of IT faces, and on ways in which our various organizations may ensure that our efforts are productive.

遠慮なく意見交換してください

このセミナーで大いに得るところがありますように，どうぞご遠慮なく意見交換をなさってください。

> As there is a great deal of benefit to be gained through this seminar, I encourage all of you to engage in a frank exchange of ideas.
>
> ＊— encourage ＋人＋to＋動詞は「～に～するよう奨励する」という意味です。

資料のコピーを用意してあります

ご出席のみなさまが論点を明確に把握できますように，講師のかたがたが関連文献のコピーをご用意くださいました。

> In order that all of you should be assured of a clear understanding of the points in question, our guest speakers today have kindly prepared a list of literature pertinent to the subjects to be dealt with.
>
> ＊— to be dealt with は「扱われるべき」という意味の受動態で，dealt は動詞 deal の過去分詞です。

〜するよう，プログラムを用意しました―――――――――――――
　限られた時間ではありますが，このセミナーが最大の成果を上げますよう，つぎのようなプログラムを用意しました。
> Given the limited amount of time, we have prepared a program which would allow you to use the results of this seminar to the fullest.
> ＊― given the limited amount of time は，as we are given the limited time を分詞構文を用いて表わした文です。

〜をお迎えしています―――――――――――――――――――――――
　お手もとのプログラムにございますとおり，今回は「家庭用電子機器の未来」というテーマで日本とアメリカから多くの講演者のかたがたをお迎えしています。
> As you will note in your program, we are fortunate to have on hand speakers from both Japan and the United States on this occasion, who will deal with the topic "The future of electronic household appliances."

3―来賓・講師の紹介

　来賓や講師は等身大以上に紹介されることも，それ以下に紹介されることも好みません。それは，スピーチの内容と整合性が取れなくなるからです。事前に時間を設け，紹介文の内容や名前の発音に誤りがないかを本人に確認することこそが，来賓・講師に対する配慮というものです。

　　　　　　　＊　　　　　＊　　　　　＊

講師の〜さんをご紹介します―――――――――――――――――――
　では，講師の鈴木博士をご紹介いたします。
> I am pleased to introduce to you our speaker Dr. Suzuki.
> ＊― introduce A to B は「AをBに紹介する」という意味です。

〜さんは〜をしてくださいます―――――――――――――――――――
　それではみなさま，藤田圭子さんをご紹介いたします。藤田さんは基調講

演をしてくださいます。では，藤田さん，よろしくお願いします。

> Ladies and gentlemen, I now have the pleasure of introducing to you Ms. Keiko Fujita. She will deliver a keynote address. Ms. Fujita, please.

〜と題してお話しいただきます

本日は小倉電設社長の田中進氏に,「企業の経営戦略と地域社会」と題して企業の社会貢献についてお話しいただきます。

> Our speaker today, Mr. Susumu Tanaka, President of Ogura Electric, will deliver a talk on the contributions of businesses to society, entitled "Operational Strategies in Enterprises and Local Community."

* ― deliver a talk（an address）は,「演説，話をする」という意味です。

パネラーについて二，三お話しします

討論を始めていただくまえに，ご紹介を兼ねてパネラーのかたがたについて二，三お話ししたいと思います。

> Before we start our discussion, may I say a few words by way of introduction of our panelists?

* ― by way of 〜は「〜として，〜のつもりで」という意味です。

改めてご紹介するまでもないでしょうが

ご出席のみなさまには改めてご紹介するまでもないでしょうが，中村博士の数々の業績をいくつか簡単に述べさせていただきます。

> Although Dr. Nakamura needs no introduction to our audience today, I'd like to briefly review some of his many accomplishments.

よくご存知のことと思いますが

田中聡教授については，みなさまもご著書やマスコミをとおしてよくご存知のことと思いますが，きょうはご本人を紹介させていただくことができたいへんうれしく思います。

> Professor Satoshi Tanaka is well known to all of us through his

> writings as well as his appearance on mass media; now it gives me great pleasure to present Professor Tanaka himself.

＊─ be well known to ～は「～によく知られている」という意味です。

学会で注目されています
林氏は光通信の分野で大きな研究成果をあげられ，各学会から非常に注目されているかたです。

> Dr. Hayashi's significant contributions to research in the field of fiber optics have attracted keen interest from academic circles.

将来を嘱望されています
中川氏はこの分野において大いに将来を嘱望されておられます。

> Mr. Nakagawa is a person with a great future in this field.

国際的に高く評価されています
木村氏の業績は国際的にも高く評価されております。

> Mr. Kimura's achievements are highly evaluated the world over.

～で生まれ，○年に～を卒業，○年に博士号を取得しました
田島華子博士は北海道でお生まれになり，1975年に東京大学数理科学研究科をご卒業後，1977年に同大学で修士号を，1981年にマサチューセッツ工科大学で博士号をおとりになっています。

> Dr. Hanako Tajima was born in Hokkaido. After graduating from the Department of Mathematical Sciences of Tokyo University in 1975, and receiving a master's degree from the same university in 1977, she continued her studies at the Massachusetts Institute of Technology, where she was awarded a PhD in 1981.

～に取り組んでいます
それでは，田村電気工業の新しい副社長，谷川守氏をお迎えしましょう。谷川氏は，同社に力強い企業文化を創りだす目的で導入された革新的な政策転換に取り組んでいます。

> And now, let's welcome Mr. Mamoru Tanigawa, the new Vice

> President of Tamura Electric Industries, who will address the key issues and the exciting policy changes they have implemented in creating a dynamic, growing corporate culture within the organization

〜をしています

本日の講師は中島健二さんです。中島さんは中島電設工業の社長をしておられます。

> Today's speaker is Mr. Kenji Nakajima, president of Nakajima Electrical Construction Company.

拍手でお迎えください

それではみなさま，大きな拍手でお迎えください。アン・ブラウン博士です。

> Now, let's have a big hand for Dr. Anne Brown.
>
> * — have (give) a big hand は，「拍手する」という意味の口語表現です。

4 ― 来賓・講師の挨拶　　　　　　　　　　　　　CD4

　日本人は欧米諸国のスピーカーに比べると，必要以上に謙虚に挨拶する傾向にあります。たいせつなことは，聴衆の国民性を理解したうえで挨拶の内容を考えることです。また，主催者側へはスピーチの場を設けてくれたことに，聴衆には参加してくれたことに対して感謝の気持ちを述べましょう。

＊　　　＊　　　＊

身にあまるお言葉をいただき恐縮です

ご紹介ありがとうございました。身にあまる数々のお言葉に恐縮しております。

> I thank you for your kind introduction, though I feel it was more than I deserve.

過分なご紹介をいただき〜

議長，ご紹介いただきありがとうございました。過分なご紹介にあずかりましたが，実際に私の話がみなさまのご期待に沿えるよう望みます。

（Mr.／Madam.）Chairman, I appreciate your exceedingly kind introduction, and I hope that my talk today will meet your expectations.

ご招待ありがとうございました

木村先生，ご紹介ありがとうございました。また，法曹協会の役員のみなさま，本セミナーにご招待くださり，ありがとうございました。

My thanks to you, Professor Kimura, for you kind introduction, and also to the members of the Legal Association for their invitation to address this seminar.

この場に立てて名誉に思います

この記念すべき日にこの場に立つことができることを心から名誉に感じております。また，みなさまのご出席を心より感謝申しあげます。

It is indeed an honor for me to be present here on this memorable occasion, and I should like to express my gratitude to each and every one of you for joining us today.

～で話す機会をいただき光栄です

議長，そして，ご出席のみなさま，この第10回世界会議で話す機会をいただき，まことに光栄に存じます。

Mr. Chairman, ladies and gentlemen, this is indeed an honor for me to be here for the 10th World Conference.

ものたりないかと思われますが，ご容赦ください

本日は，このテーマについて私より簡潔にお話しになるかたがたくさんご出席のことと思います。私ではものたりないかと思われますが，どうかご容赦いただきたいと存じます。

Many of you here today could present the issues under discussion more succinctly than I can, and although I feel I am not qualified enough to address the issue, I ask that you should please bear with me.

＊―I am not qualified は「資格がない」という意味です。「～にふさわしくな

い」はI am not worthy of ～です。

～についてお話しします

このプロジェクトでは，パソコン操作に慣れていない中高年でも容易に操作できるソフトの開発に焦点をあてて進めてきました。本日は，この新しいソフトのおもな特徴についてお話しいたします。

> The major focus of my work has been the development of a system that will enable middle-aged and senior persons, who are not used to using a personal computer, to learn the skill with a minimum of hassle. What I'd like to talk to you about today has to do with some of the major features of the latest software.
>
> ＊―enable＋人＋to＋動詞は「～に～できるようにする」という意味です。

～の体験をご紹介します

長く東南アジア諸国にある日本の会社の現地責任者をしてまいりました関係上，おもしろい体験もいろいろしてきました。これから海外に赴任されるかたがたのお役にたてればと思い，そのうちのいくつかをご紹介したいと思います。

> Throughout my long career as the head of local subsidiaries of a Japanese company in Southeast Asia, I have had a variety of interesting experiences. As you may soon be assigned to positions overseas, I'd like to share some of these with you in the hope that they will be of value to you in your own careers.
>
> ＊―be assigned to ～は「～に配属される」という意味です。

英語でのスピーチは不慣れです

なにぶん，英語でのスピーチは不慣れなものですから，お聞き苦しい点はご容赦いただきたいと思います。

> Unaccustomed as I am to addressing an audience in English, I trust that you will nevertheless bear with me for my poor command of that language.
>
> ＊―unaccustomed as I am to ～は，although I am not accustomed to ～の

第1章 主催者や来賓・講師の挨拶 35

形式的な表現です。

5 ─ 自己紹介・自社紹介　　　　　　　　　　　　　　　　　CD5

　自己紹介では，これから始めるスピーチが個人としてのものなのか，所属を代表してのものなのかを明確にする必要があります。また，所属を代表する場合は，自分の立場を明らかにしておきましょう。スピーチの内容に関連する知識や経験をじゅうぶんもっていることを伝え，聴衆に安心感を与えることもたいせつです。（他者紹介の文例は第2部・第1章をご覧ください。）

　　　　　　　　＊　　　　　　＊　　　　　　＊

〜にある〜会社の〜です
　本日はお越しいただき，ありがとうございました。フィリピンのケソン・シティーにある田中工業・開発部長の井上信吾と申します。

> Thank you for coming. My name is Shingo Inoue, Chief of the Development Department of Tanaka Industries in Quezon City, the Philippines.

私は〜といい，〜から来ました
　私は木村薫といい，東京の西は静岡から来ました。

> I am Kaoru Kimura, from Shizuoka Prefecture, west of Tokyo.

〜に勤めています
　日本の化粧品会社の代理店に勤めています。

> I work for an agent of a Japanese cosmetic firm.

〜を担当しています
　こんばんは。ソフトウエア開発部長の石井京子です。こちらは，アシスタントの河村守です。

> Good evening. My name is Kyoko Ishii. I'm in charge of the Software Development Section, and this is my assistant Mamoru Kawamura.
>
> ＊ ─ be in charge of 〜は「〜を担当している」という意味です。

～の責任者です

はじめまして。シニア・ライフ・プロジェクトの統括責任者をしております田中静子です。

> How do you do? My name is Shizuko Tanaka, and I'm a representative of the Senior Life Project.

～の主任研究員です

城西総合研究所でアジア経済部門の主任研究員をしております。

> I am (a) senior research assistant of the Asian Economy Division of the Josei General Research Center.

～の主任です

中規模の商社で海外販売課の主任として働いています。

> I am working for a medium-size trading company as a manager in the overseas distribution section.

○年から○年間，～に滞在しました

私は1980年から3年間，海外市場の拡張のためブラジルに滞在し，チリやアルゼンチン，グアテマラなど5か国を訪問しました。

> Beginning in 1980, and continuing over a period of three years, I stayed in Brazil to develop our overseas market, and visited five countries, including Chile, Argentina, and Guatemala.

○年間～に単身赴任しました

京都支店に5年間，単身赴任しました。

> I was assigned to the Kyoto branch and lived away from my family for five years.
>
> ＊―英語には「単身赴任」という単語はありませんので，live away from one's family（家族と離れて暮らす）と説明します。

○年に～大学を卒業しました

私は1976年にケンブリッジ大学を卒業いたしました。

> I graduated from Cambridge University in 1976.
>
> ＊―「～を卒業する」はgraduate from ～となります。fromを忘れないように

しましょう。

入社後，〜としてスタートしました
大学を卒業後，当社に入社し，輸出部門担当の営業部員としてスタートしました。その後，東南アジア課マネージャーとして仕事をしております。
> After graduating from college, I worked for our company first as a member of the export section, and then as the manager of the Southeast Asia Section.

当社の概要をお話しします
15分ほどお時間を頂戴して当社の概要をお話ししたいと思います。
> I'd like to ask you for about a quarter of an hour of your time, in order to give you some general information about our firm.

業界○位の会社です
河合酒造は日本では業界3位の酒造メーカーです。当社は明治時代から日本酒の製造・販売を行なってきました。
> Kawai Sake Brewery is the third largest company of its kind in Japan. We have been producing and selling Japanese sake since the Meiji period.

〜を専門とする会社です
各種金型の製造を専門とする比較的小さな会社です。
> It is a relatively small company specializing in the production of various types of metals.

> ＊— specialize in 〜は「〜を専門とする」という意味です。

社名は〜を表わしています
FJH 株式会社の社名は，フランス，日本，オランダ3国それぞれの頭文字を表わしております。
> The company name FJH is made up of the first letter of the three countries: France, Japan, and Holland.

○年に〜として設立されました
当社は1901年に，わが国における重工業の発展を担う国営会社として設

立されました。

> Our company was founded in 1901 as one of the governmental companies to develop heavy industry in this country.
>
> ＊— found は「設立する」という意味で，過去形・過去分詞形は founded です。founder は「創業者」です。

○年前に徒手空拳で興しました

当社の創業者である森栄一は50年前にこのブラジルに渡り，徒手空拳でこの会社を興しました。

> Our founder, Eichi Mori, arrived here in Brazil 50 years ago and started the firm from scratch single-handedly.
>
> ＊— from scratch は「徒手空拳で」「無から」という意味です。

～は会社概要をご覧ください

当社の扱い品目と販売網はお手もとの会社概要に書いてありますので，どうぞ参考にしてください。

> You will find a list of the items the company deals in and an overview of our sales network in the company brochure provided for your reference.

～からは新製品の発表会を行ないます

午後からは新製品の特別発表会を行ないます。これをご覧いただければ，当社の目指すところがより具体的にご理解いただけるものと思います。

> In the afternoon session there will be a program of special announcements concerning our latest products. This will give you an opportunity to know more about the specific goals of the company.

◆サンプル・スピーチ ①

Opening Address
——words of address by a sponsor at an international business conference——

Your Excellencies, Ladies and Gentlemen
① It is with great honor and pleasure that I welcome you all today from every continent of the world for the First International Conference on Innovative Household Patents. As kindly introduced by the Master of Ceremony, I am Junichiro Misaki, the inventor of your household basics in life, the rice cooker. All of you here as inventors of various technology and products have enhanced the life of each person and family in one's country and abroad. We welcome not only individuals but also corporate members who have been inventing for their corporations.
② Without the sponsorship of our global companies here today, who have indeed made our lives so much more enjoyable and easy to live in this 21st century, we would not have been able to hold such a glamorous symposium, workshops, exhibitions, and the final Award Gala Dinner tomorrow evening. On behalf of everyone present, I would like to extend our deep appreciation to each of our sponsors.
③ Tomorrow night one individual among the 1000 exhibitors, whose innovation is a major breakthrough in the households around the world, will be awarded based on the votes from all the participants and by a group of distinguished judges, who are scientists and professionals of international acclaim. We will also award the best corporation, in terms of the household product and its amazing technology, which have saved us from returning to the Dark Ages.
④ I assure you the suspense of who will be the one to be awarded may be unbearable for those 1000 exhibitors here today, but we have many exciting sessions planned for this First International Conference of Household Patents. Please enjoy learning from each other and have a stimulating discussion. I am sure that this conference will be memorable with your enthusiasm and participation.

開会の挨拶
──国際ビジネス会議での主催者による歓迎の辞──

閣下，ならびにご列席のみなさま，

① 本日，この革新的な家庭用品の特許に関する第1回国際会議に世界各国からお越しいただいたみなさまに歓迎のご挨拶を申しあげますことは，たいへん光栄に存じます。私は，ただいま司会のかたからご紹介いただきました三崎潤一郎です。みなさまの家庭生活に欠かせない炊飯器を発明いたしました。こちらにいらっしゃるみなさまは，さまざまな技術や製品の発明者として，それぞれの国や世界における個人や家庭の生活を向上させてきたかたがたです。また，本会議では，個人のかただけでなく，お勤め先の企業で発明に取り組んでいらっしゃる企業会員のかたがたもお迎えしています。

② 充実したシンポジウムやワークショップ，展示会，そして明日の夜の最終イベントである授賞式の祝宴が開催の運びとなりましたのは，ひとえに21世紀の現代において私たちの生活をより便利に，より楽しくしている，ご列席のグローバル企業のみなさまがたのご支援によるものです。すべての出席者に代わりまして，各スポンサーのみなさまに深くお礼申しあげます。

③ 明晩，1000人の出展者のなかからお一人，世界中の家庭の生活を飛躍的に進展させる発明をしたかたが投票によって選出されます。投票は，出席者全員と，科学者や国際的な称賛を得ている専門家のかたがたからなる一流の審査団によって行なわれます。また，私たちを暗黒の時代から救いだした家庭製品や，そのすばらしい技術を所有するという観点から，最優秀企業賞の表彰も行なわれます。

④ 本日こちらにいらしている1000人の展示者のみなさまにとって，誰が賞を勝ち取るのかわからない状況というのは落ち着かないものだと思います。しかし，この家庭用品の特許に関する第1回国際会議では，みなさまに興味をもっていただけるセッションをたくさんご用意しております。どうぞ参加者同士で互いに学び合い，刺激的な議論を交わしてください。みなさまが熱意をもって参加されることによって，きっとこの会議はみなさまの記憶に残るすばらしいものになるでしょう。

◆サンプル・スピーチ ②

Lecture
——greeting and introduction of lecturers by a chairperson at an international education conference——

Ladies and Gentlemen

① It is with great honor that I serve as the Master of Ceremony[*1] for the Japan Oral History Association's first conference to be held in the United States with the cooperation of the U.S. Oral History Association.
② My name is Kyoko Suzuki, professor of sociology at Hokkaido University. I serve as one of the Board of Directors of the Japan Oral History Association and would like to extend my greetings to all of you here today on behalf of[*2] all the organizers from Japan and the USA.

③ As many of you know, we have been striving to establish the field of Oral History within Japan as an independent area of studies at our Japanese universities.
④ We are very excited to inform you that the major universities in Japan, since the establishment of our organization 5 years ago, have now accepted Oral History as an accredited subject[*3], and at my university we now have an Oral History department.

⑤ As you can see from the program in your hand, we have many presenters from both Japan and the USA under the theme, "Bridging the East and West through Oral History."
⑥ I would like to thank our various sponsors who made this conference possible by allowing us the use of this beautiful conference hall and bringing distinguished speakers to participate in[*4] this special conference from around the world.

⑦ Our keynote speaker is Dr. Arthur Hansen of the Japanese-American

講演会
──国際教育会議での司会者による挨拶と講演者の紹介──

ご来場のみなさま,

① このたびは,米国オーラル・ヒストリー学会さまのご協力によりアメリカで開催の運びとなりました,日本オーラル・ヒストリー学会第1回会議の司会を務めさせていただき,たいへん光栄に存じます。
② 私は北海道大学で社会学の教授をしております鈴木京子と申します。私は現在,日本オーラル・ヒストリー学会の理事を務めておりまして,きょうこちらにお越しいただいたみなさまがたに,日本とアメリカのすべての主催者を代表してご挨拶申しあげたいと思います。

③ みなさまのなかにもご存知のかたがおおぜいいらっしゃるかと思いますが,私たちはオーラル・ヒストリーの領域を日本で大学における独立した学問分野として確立することをめざし,活動してまいりました。
④ たいへん喜ばしいことに,私たちの組織が5年まえに設立されて以来,日本のおもな大学ではオーラル・ヒストリーが正式に認められた科目として受け入れられるようになっています。現在,私の所属する北海道大学にはオーラル・ヒストリー学科が創設されています。

⑤ お手もとのプログラムにございますとおり,今回は「オーラル・ヒストリーによる東西の橋渡し」というテーマで,日本とアメリカから多くの講演者のかたがたをお迎えしています。
⑥ 今回の会議の開催に際して,この美しい会議場の使用をお許しくださり,特別な会議ということで世界中から著名な講演者のかたがたをおおぜいお招きくださったスポンサーのみなさまがたには,心よりお礼を申しあげます。

⑦ 基調講演は,日系アメリカ人国立美術館のアーサー・ハンセン博士にお願いしてあります。博士は北米および南米における日系移民についての特別なレ

National Museum, who has been instrumental[*5] in the special Legacy Project of Japanese immigration[*6] to both the North and South Americas.

⑧ Without the Oral History research that has been done for the last 3 years with special project team members from Japan and the United States, we would not have the privilege of listening today to the final conclusion of their project.

⑨ Without further ado[*7], I would like to call Dr. Arthur Hansen to the lectern. We hope you will enjoy listening to him and all the presentations to follow in the breakouts[*8].

⑩ Please welcome Dr. Arthur Hansen with a big round of applause.

＊1 ― Master of Ceremony は「司会者」という意味で，略して MC とも言います。
＊2 ― on behalf of ～は「～に代わって，～を代表として」という意味です。
＊3 ― accredited は「正式に認可された」という意味で，accredited subject は「正式に認められた科目」のことです。
＊4 ― participate in ～は「～に参加する」という意味で，口語表現では take part in ～，join in ～となります。

ガシー・プロジェクトに尽力してこられました。
⑧　過去3年間，日本とアメリカの特別合同プロジェクト・チームのメンバーによってオーラル・ヒストリー調査が行なわれており，私たちはきょう，そのプロジェクトの最終結論を聞く機会に恵まれたというわけです。

⑨　さあ，私の話はこれくらいにして，ここでハンセン博士を演台にお招きしましょう。みなさま，ぜひ博士のお話と，それに続く分科会での講演を楽しんでいらしてください。
⑩　それではみなさま，大きな拍手でお迎えください。アーサー・ハンセン博士です。

＊5 ― instrumental は「助けとなる，尽力する」という形容詞です。
＊6 ― immigration は「外国からの移住／移民」です。「自国から多国への移住／移民」は emigration です。
＊7 ― ado は「むだな骨折り，面倒」の意味。without further ado で「むだは省いて，さっさと」という意味になります。
＊8 ― breakout は「分科会」。sectional meeting と言ってもよいでしょう。

第1部　セミナーでのスピーチ

第2章
ビジネス営業セミナー

———社会の動向に敏感な対応———　　　**CD6**

　経済や経営に関して「内容は理解できるものだったが，聞き取れなかった」というリスナーもいれば，「知ってはいたが，言葉が浮かばなかった」というスピーカーもいます。「聞き取れない」も「語れない」も，英語力だけが問題とは限りません。経済・経営に関する知識不足が原因の場合があります。まずは，母国語で基礎知識を蓄えることがたいせつです。

1——国内の経済状況

　使用言語が何であれ，経済状況について語るのは容易なことではありません。経済学の基礎知識を母国語で身につけたうえで，高頻度で使われる単語とその用法を暗記しておきましょう。また，英字新聞と日本語の新聞とを対比しながら読むことで，最新の経済用語を習得することができます。

　　　　　　　　＊　　　　　＊　　　　　＊

円高経済の対処法を考えます————————————————
　本日は昨今の円高経済にどう対処していくかについて，いくつか私の考えを述べてみます。
> Today I'd like to share my thoughts with you on ways in which we can deal with the current strong-yen economy.

円高は〜に大きな影響を及ぼしています————————————
　円高は日本経済においてもっとも深刻な問題であり，わが社だけでなく業界全体に大きな影響を及ぼしています。
> The strong yen is the most serious problem in the Japanese

economy, not only for our company but for the entire business world, where it exerts an enormous impact.

＊―「〜に影響を及ぼす」は exert an impact のほかに affect 〜を使ってもいいでしょう。

〜市場では○円につけています

円はこのところ急落し，昨年7月以来の新安値をつけました。昨日は欧州市場で100円台の後半までつけたものの，その後，ニューヨークでは110円台まで下げています。

> The value of the yen has declined sharply, lower than it has been since July of last year. Yesterday on the European markets it reached a level below 100 yen, later, in New York it fell to 110 yen.

経済は構造的な変化をきたしています

日本の経済に構造的な変化が起きていることは，鉄鋼・造船業の慢性的な不振や失業率の大幅な上昇という事実からも明らかです。

> Given the chronic stagnation and rising rate of business failures in the steel and ship-building industries, it is quite clear that a structural change in the Japanese economy is taking place.
>
> ＊―「慢性的な不振」は chronic stagnation と言います。なお，「不況」は recession, business depression です。

インフレ懸念で〜です

みなさんもご存知のとおり，インフレ懸念で長期金利が上昇の傾向にあります。

> As you know, there is a tendency toward increases in long-term interest rates as a result of fear of inflation.

景気へのテコ入れ策として〜します

政府は停滞している景気へのテコ入れ策として大幅な公共事業の前倒しを実施する見通しです。

> As a means of handling the problem of stagnation in business

| the government is considering the implementation of a policy of support for large-scale public enterprises.

＊— means は「手段，策」という意味で，s がついていても単数扱いです。

～が切実な問題になっています

いま，日本は失業率が戦後最高となり，そのうえなかでも中高年の高い失業率は国民にとって切実な問題になっています。

| Currently in Japan the rate of unemployment is at an all-time postwar high, moreover that of middle-aged workers is causing serious problems for citizens.

～に力を注ぎ，経済活動を刺激してきました

日本の政治家は地方に利益を誘導する公共事業に力を注ぎ，経済活動を刺激してきました。

| Japanese government officials are devoting their energies to profitable public works in local areas, which has provided a stimulus for economic life.

経済成長の理由に～があります

経済成長の理由の一つにIT産業の飛躍的な拡大と発展があります。

| One of the reasons for economic growth can be found in the rapid expansion in the development in the IT industry.

人件費削減のために～を増やしています

会社は人件費を削減するために，必要に応じて人を雇えるパート雇用を増やしています。

| In order to cut down on personnel expenditures, companies have increased the number of part-time employees to fill positions, when necessary.

＊—「～を削減する」は cut down on を使います。

金利が～なため，～が増加しています

預金の金利があまりに低いため，投資信託を始める人が増加しています。

| As the interest rates on savings are rather low, more and more

people have begun to invest their money.

2―海外進出

経済のグローバル化にともない，海外へ市場を求める日本企業が増えました。海外進出の際に求められるのは，当該国の現状を正確に捉える理解力と，日本企業進出のメリットを当該国に伝える伝達力です。「正確に捉える」と「正確に伝える」。この二つが成功の鍵を握ります。このことを意識して明解なスピーチを心がけましょう。

*　　　　　*　　　　　*

ヨーロッパ市場には進出する余地があります

私たちの調査によると，ヨーロッパ市場ではこの種のインスタント食品はあまり競合会社が見受けられないので，われわれの進出する余地がまだじゅうぶんあります。

> First, our investigation reveals that there has been relatively little competition for this type of instant food product in European markets, so there's still enough room for us to get in.
> *―there's still enough room の room は「余地」という意味で，不可算名詞です。

消費者は～を求めています

大半の日本の消費者は，国内ではまだ広く出回っていないこの種の低価格な普及版を求めていることが明らかです。

> It has become clear that most Japanese consumers would like this type of low-priced edition, which has not yet become widely available here in Japan.
> *―available という形容詞は「入手可能な」のほかに「使用可能な」という意味もありますので，注意してください。

国内市場は～するほど大きくありません

国内市場は，さらに新規参画する企業を必要とするほど大きくはありません。わが社の製品を供給できる新しくて大きな海外市場が必要です。

> The domestic market demand is not enough to justify further new business participation. What our firm needs is a new large foreign market to which we can supply products.

輸出品の○パーセントは〜向けです

当社の輸出品の80パーセントまでが東南アジア諸国向けですが，今後はアフリカや南アメリカなども視野に入れるべきです。

> To date, up to 80 percent of our transactions have been directed toward Southeast Asia; from now on we plan to go into Africa and South America.

海外投資に乗り出すべきです

財政の安定性や生産力，社員のやる気などについて調査した結果，わが社は海外投資に積極的に乗り出すべきだという結論に達しました。

> Having investigated the areas of financial stability, productivity, employee morale, and the like, we've reached the conclusion that we'd best direct our investments toward overseas markets in a very positive way.
>
> *—reach the conclusion that 〜は「〜のような結論に達する」という意味です。

貿易黒字は○ドルにのぼります

日本の貿易黒字は2001年で8兆5270億円，すなわち775億ドルにものぼっています。輸出総額の7割を機械機器が占めています。

> The value of trade for Japan in 2001 rose to 8 trillion and 527 billion Japanese yen, or 77.5 billion US dollars. Machinery and appliances accounted for 70 percent of the total exports.

アメリカは〜の市場開放を要求しています

アメリカは穀物や果物，食肉など農産物の市場開放と流通システムの簡素化を要求しています。

> The US is asking for an opening of the market for farm products, such as grain, fruit and meat and a streamlined

system of distribution.

日米の貿易不均衡は〜です

近年，日米間の貿易不均等は悪化の一途をたどっています。

> In the past several years the trade imbalance between Japan and the US has become worse.
>
> ＊―「不均衡」は imbalance で，unbalance ではありません。

保護貿易を改め，〜を促進すべきです

日本は保護貿易主義を早急に改め，自由貿易・自由競争を促進すべきです。

> Japan should revise its protectionist practices without delay, and promote free trade and competition.

〜の経済競争力の〜はめざましいです

NIES すなわち韓国やシンガポール，台湾など新興工業経済地域の経済競争力の伸びには近年めざましいものがあります。

> NIES, or "Newly industrializing Economies," such as Korea, Singapore, and Taiwan, have become increasingly competitive over the past several years.

品質で〜と勝負せねばなりません

日本のエレクトロニクス産業は，今後は品質面で韓国製品と勝負しなければなりません。

> The Japanese electronics industry will now have to compete with Korea in the electronics market by means of coming up with better quality products.
>
> ＊―by means of 〜は「〜によって」です。come up with 〜は「〜を産出する」という意味で，produce を使ってもいいでしょう。

3―営業戦略

対外的には，製品・サービスの特徴を潜在顧客に理解してもらったうえで，提示価格が妥当なものであることを納得いくよう説明しましょう。社内

では，セールス・パーソンに目標達成の意義を伝え，自らの力で結果を出す自立した人間を育てましょう。

＊　　　　＊　　　　＊

わが社の新商品〜を発表します

本日は，わが社の新しい超小型電子辞書「ソフィア」を発表いたします。

> Today, I will introduce our ultra-mini electronic dictionary, which we have named "SOPHIA."

〜との理由から〜という商品名をつけました

操作が簡単なので，電話をかける気楽さで電子メールを送ることができます。そんなところから「ファミリア・モード」という商品名がつけられました。

> Given its simplicity of operation, it may be used to send an e-mail message as easily as it is to place a telephone call; that's why we call it "Familiar Mode."

従来品に比べて軽量です

従来の同ランクのテレビと比べ，このF-3型はわずか1.5キロと軽量です。ですから，ご高齢のかたでもらくに持ち運べます。

> In comparison to other similar television sets, model F-3 is lightweight; it is only 1.5 kilograms and easy to carry, even for senior citizens.
>
> ＊―「〜と比べて」は in comparison to 〜，または compared to 〜と言います。

高品質を達成しました

新技術の開発で，当社の新製品 R–AZ はデータ収納力と送出力において他のどのパソコンよりも高品質を達成しました。

> By the development of new technology, our new model, R-AZ, offers excellent storage-capacity and retrieval-of-data functions; we've come up with something better than any other personal computer has to offer.

〜という価格は市場でベストです
180ドルという小売価格は家庭用コピー機としては市場でのベストです。

> At the retail price of $180, the home copy machine is the best on the market.
>
> ＊— retail price は「小売価格」の意味です。「卸売物価」は wholesale price と言います。

他社の製品の半額です
この超薄型ノンフロン冷蔵庫「テンダー」の市場価格は７万円，約640ドルくらいになるでしょう。この価格は他社のノンフロン冷蔵庫のおよそ半額です。

> The market price for this super-slender non-freon gas refrigerator "Tender" will come down to as low as ¥70,000, or $640, about half the price of those made by other companies.

〜によって〜を達成しました
当社はこの政策転換によって，今年の上半期で市場シェア15％増と売上高40％増を達成しました。

> As a result of policy changes, our company's market share has shown an increase of 15 percent over the first half of the year and a 40 percent increase in volume of sales.

広範囲な消費者にアピールできることを保証します
この製品は年齢・性別を問わず幅広い消費者にアピールできることを保証します。高性能・耐久性・低価格・時代性・親しみやすさという，大ヒット商品に不可欠の５大要素を兼ね備えているからです。

> We guarantee you that this product will appeal to consumers from every walk of life: young and old, men and women, as it meets the five standards that ensure its becoming a best seller: excellent performance, durability, low price, state-of-the-art quality, and user-friendly convenience.
>
> ＊— every walk of life の walk は「階層，身分」という意味で，「あらゆる階層」

の意味になります。

魅力をご理解いただけたことと思います
以上，簡単ではありますが，新製品のおもな特徴をご紹介いたしました。この製品の大きな魅力をご理解いただけたことと思います。

> That, in brief, introduces the main features of our new product; this should make clear its enormous appeal.

キャンペーンの目的は〜です
このキャンペーンの目的は，当社の新型建材を低価格で販売してアメリカ市場に進出することです。

> The goal of our campaign is to enter the US market through the sale of the latest in construction materials at low prices.

最優秀賞は〜です
このキャンペーンの最優秀賞は1週間のエーゲ海クルーズです。

> The top prize in this campaign is a week-long cruise of the Aegean Sea.

報奨金が出ます
保険契約獲得件数1位の人には5,000ドルの報奨金が出ます。みなさん，大いにがんばってください。

> A prize of $5000 is to be awarded to the representative who sells the largest number of policies. So everyone do your very best!

対面コミュニケーションが効果的です
特約店を奮い立たせてさらに売上実績を伸ばすには，直接会って話す対面コミュニケーションがもっとも効果的だということを忘れないでください。

> Don't forget, now: it's face-to-face communication that is going to ensure more sales when dealing with our distributors.

4—日本経済の展望　　　　　　　　　　　　　CD9
日本経済が海外からの影響を受けている今日，グローバルな視点に立って

日本経済について英語で語る機会が増えてきています。まずは，日本語で経済構造の変化をじゅうぶんに理解しておきましょう。母国語で理解していないものを外国語で論ずるのはむずかしいということです。

＊　　　　　＊　　　　　＊

改善するために〜を提案します

事態を遅滞なく改善するために，白紙から始めることを提案したいと思います。

> In order to clear the matter up without delay, my suggestion is to start from scratch.

情報社会になりつつあります

現在はサービスや情報が商品として重要な価値をもつ情報社会になりつつあることを認識すべきです。

> Today, we must realize that service and information have become increasingly valuable in dealing with what is becoming an Information Society.

〜を乗り切るアイディアを模索すべきです

日本経済の構造変化に対処する戦略についてお話しいたしました。このほかにも対処法はいろいろとあると思いますので，それぞれの業種に応じてこの困難な時期を乗り切るアイディアを模索しつづけるべきでしょう。

> I have dealt with strategies aimed at structural changes in the Japanese economy, and as there are a variety of means at our disposal to tide us over during these difficult times for a wide range of businesses, we must continue to pursue new ideas.

> ＊— tide＋人＋over during difficult times は「困難な時期を切り抜ける」の意味です。survive the difficult time，あるいは get over difficult times と言ってもよいでしょう。

最悪の事態に備える必要があります

こうした状況下では，最悪の事態に備えておく必要があります。

> Given the circumstances in which we find ourselves, we have no

choice but to prepare for the worst.

洞察力に富んだ人材が必要です

社会の急激な変化を予想できる想像力と洞察力，そして，的確に対応できる柔軟性を兼ね備えた人材が必要となります。

> What we need is a staff that is able to proceed with imagination and insight in anticipating rapid change within society and, at the same time, one that can exercise flexibility.

経済を活性化するには～する必要があります

日本の経済を活性化するには，リスクを覚悟のうえでベンチャー・ビジネスを奨励し，支援する必要があります。

> In order to activate Japanese economy, it will be necessary to take risks, make ourselves ready for venture business, and be capable of lending support.

～は大きな政治課題になるでしょう

少子化が進んだ現在，労働人口を維持するためにも移民問題は大きな政治の課題になるでしょう。

> Given the current increase in smaller families, the problem of allowing foreign nationals to enter the country in order to maintain a viable work force poses a serious challenge for the government.

年功序列が減り実績主義が増えるでしょう

日本でも年功序列や終身雇用は減り，実績主義の欧米型企業がますます増えていくでしょう。

> There will be less seniority and lifetime employment in Japan; the more meritocratic practices of western enterprises are taking over.
>
> *―「年功序列制度」はseniority-based system,「終身雇用制度」はlifetime employment system となります。

環境意識の高まりが〜な製品を求めるでしょう

消費者の環境意識の高まりにより，「環境にやさしい」製品が求められていくにちがいありません。

> With the increasing awareness of ecological issues on the part of consumers, there is a clear evidence of a demand for "environmentally-safe" products.

この地は〜の拠点になるでしょう

近年，欧米の一流ブランドが軒並み銀座に進出していることを思いますと，ここは重要なファッション・ビジネスの拠点になるでしょう。

> In recent years, a number of shops specializing in top European and American brands have been opening in Ginza, which has become an important center for fashion business.

情報が〜を揺り動かす時代になりました

いまや市場の情報が瞬時に世界を駆け巡り，経済を地球規模で大きく揺り動かす時代になりました。

> With instant dissemination of market information around the world now, we have entered the era of global economies.

経済の構造改革なくして〜はありません

経済の構造を改革することなくして，経済の成長は望めません。

> Unless we achieve the structural reform of the economy, there will be no hope of economic growth.
>
> *— economic は「経済（上）の」という意味です．economical は「徳用の」，すなわち cheap（安い）という意味ですから，注意してください。

◆サンプル・スピーチ ③

Inauguration Party of a New Project
──introductions of the new project and staff members
by a company president──

Fellow Colleagues

① To drive the interview seminars for maximum impact, we have created a special curriculum that will sell easily into the universities and other educational institutions! We have named it, "The Art of Interviewing," and you will love it.

② We have appointed Susan Willows[*1] to be the project manager of a new team with Katsuko, Jim, Nobuo, and Kelly to sell this expanded program in our Seminar Division of Breakthrough Seminars Inc.

③ With this curriculum, we shall train the principles in the art[*2] of interviewing to draw out from the interviewees[*3] their important insights, memories, experiences, and wisdom.

④ Based on the Ellen Epstein's interviewing methodology, which[*4] as you are aware of, having been perfected over the last 27 years, we explain her following key rules with interactive discussion.
    1. My Goal
    2. My Attitude
    3. My Rules
    4. My Evidence

⑤ We will then drive the most important 4 techniques of the art of interviewing refining their interviewing skills by several key exercises. For your review, they are as follows.
    1. Paint a picture with 4 W's: Who, Where, When, and What?
    2. Use of "What happened next?"
    3. The "So … Or" pattern including variation with "So … And."

新規プロジェクト発足会
―― 社長によるプロジェクトの内容とスタッフの紹介 ――

みなさん，こんにちは。

① わが社では，インタビュー・セミナーの成果を最大限に高めるため，大学やその他の教育機関への売り込みをあと押しする特別なカリキュラムを開発しました。「インタビュー術」という名称で，きっとみなさんにも気に入っていただけると思います。

② 今回，スーザン・ウィロウズを新チームのプロジェクト・マネージャーに任命し，カツコ，ジム，ノブオ，そしてケリーの４人に，わが㈱ブレイクスルー・セミナーズのセミナー部門にて，この拡大プログラムの販売を担当してもらうことにしました。

③ このカリキュラムでは，話し手の重要な見識や記憶，経験，知恵を引き出すためのインタビュー術の原則を教えます。

④ まず，みなさんご承知のとおり，27年の歳月を経て完成されたエレン・エプスタイン女史のインタビュー技法に基づき，対話式のディスカッションを用いて次にあげる重要な規約の説明を行ないます。
　　1．目標
　　2．心構え
　　3．ルール
　　4．実証

⑤ つぎに，インタビューの技能を向上させるうえでもっとも重要なインタビュー術の四つの手法について，基本となる実習を行ないます。参考までに，もう一度，実習内容を紹介します。
　　1．4H（誰が〔Who〕，どこで〔Where〕，いつ〔When〕，何を〔What〕）を使って絵を描く実習
　　2．「つぎに何が起きましたか？」という表現を使う実習

4. Probe and Trigger to reveal even further.

⑥ The art of interviewing is intended to not only assist the personal oral historian to preserve the personal, family, community, or organizational background and history, but for professors requiring interviewing skills to do their field research and for general layman,[*5] who needs to do interviews for job candidates,[*6] to have a successful business negotiation or consulting, to offer in-depth customer service or achieve smooth selling, and of course, to do feature article interviewing.

⑦ I hope you will support Susan and her team in this new venture!

＊１ — appoint A to be ～あるいは appoint A as ～で「Aを～に任命する」という意味になります。
＊２ — art には「芸術」という意味もありますが，ここでは「技術，技」の意味です。
＊３ — interviewee は「被会見者，インタビューを受ける人」で，「会見者」なら interviewer です。同様のパターンとして，employee（従業員）／employer（雇い主），trainee（訓練を受けている人）／trainer（訓練する人），examinee（受験者，審査を受け

3．「それで……そして」も含んだ「それで……あるいは」のパターンの実習
　4．より具体的かつ詳細に聞き出す Probe and Trigger 実習

⑥　わが社のインタビュー術は，オーラル・ヒストリーの研究者が個人，家庭，地域，あるいは組織の背景や歴史を残していく際に役立つというだけではありません。自分の研究のフィールド調査を行なうためにインタビューの技能を必要としている大学教授や，一般のかたで，求職者への面接をしなければならないかた，成功するビジネス交渉およびコンサルティングの技術，徹底した顧客サービスの提供，あるいは販売の円滑化といったことを求めているかたがた，そしてもちろん，特集記事の取材をするかたにも適した技術です。

⑦　どうぞみなさん，この新しい事業を担当するスーザンと彼女のチームへの協力をよろしくお願いします。

る人）／examiner（試験官，審査員）などがあります。
＊4 ― which as you are aware of のwhich は，前置詞 of の目的語となる関係代名詞で，Ellen Epstein's interviewing methodology をさします。
＊5 ― layman には clergyman（聖職者）に対する「平信徒」の意味もありますが，ここでは「しろうと」の意味です。
＊6 ― candidate は「候補者，志願者」。job candidate で「求職者」を意味します。

◆サンプル・スピーチ ④

Closing Address
——words of comment and gratitude by a sponsor
at an international conference——

Thank you for your kind introduction, Ms. Coumbias.

Ladies and Gentlemen

① As the hostess of this exciting International Conference of Cosmetics Brand Owners, I must say time has flown quickly in the past 2 days.
② I am Yasuko Tanaka the owner of the brand, "Elegant Me" from Japan.
③ I have been most fortunate in driving my brand for the last 3 years with 20% growth every year.
④ My simple make up line and skincare products are in great demand*¹, not only by young women in their teens and 20's, but also older women, who wish to have shortcuts in the daily routine of looking their best!
⑤ We now export*² to all the countries in the Asia Pacific and the United States.

⑥ Many of us have worked under world famous corporate brands in the past but I am very happy to say that we have been able to include absolute newcomers to the cosmetics industry.
⑦ The presentations of their unique but simple line of products, such as "Only Soap" from China and "Vivid Eye" from Singapore have been dynamic.
⑧ We have all learned which*³ formulas are essential in the product line to reach successful turnover in units and sales growth. We have also found out the essentials about simple but important packaging elements that are accepted by international standards.
⑨ Even the strictest Ministry of Health and Welfare in Japan has accepted certain international standards we have proposed and supported after this

閉会の挨拶
——国際ビジネス会議での主催者による感想と謝辞——

カンビアスさん，ご紹介ありがとうございました。

みなさま，こんにちは。

① 画期的な化粧品ブランド・オーナー国際会議の主催者として私が申しあげたいのは，この2日間があっという間に過ぎてしまったということです。
② 私は田中靖子と申しまして，日本のブランド「エレガント・ミー」のオーナーです。
③ 「エレガント・ミー」は幸運にも過去3年間，毎年20％の成長率を保っています。
④ 当ブランドのシンプルな化粧品のシリーズやスキン・ケア製品はたいへん好評で，10代や20代の若い女性だけでなく，自らを美しく見せるための日課であるスキン・ケアや化粧の時間をできるだけ短縮したいと考えている年配の女性にも人気があります。
⑤ これらの製品は現在，アジア太平洋地域のすべての国と，アメリカに向けて輸出されています。

⑥ 私たちの多くは，かつて世界的に有名な企業ブランドのもとで仕事をしてきた人間です。しかし，喜ばしいことに，いまでは化粧品業界がまったくはじめてというかたにも参加していただいています。
⑦ 個性的でありながら，シンプルな製品ラインを誇る中国の「オンリー・ソープ」やシンガポールの「ビビッド・アイ」のプレゼンテーションは，非常に力強いものでした。
⑧ 製品ラインの出荷量と売上を伸ばすにはどんな方策が不可欠かといったことについて，ここにいる私たち全員が学ぶことができました。また，国際基準を満たすシンプルかつ重要な梱包材料の成分について，その必須要素を調査しました。

major breakthrough in packaging, carried out by the brand, "Glamorous Skin" from Hong Kong.

⑩ We have also found out how certain ingredients as water and plant extracts only found in Korea can really help to exfoliate*4 the dead skin and bring back the radiance of our complexion.

⑪ Some of the techniques in skincare application have been very insightful and innovative*5. Thailand certainly has drawn the most interest among the participants with many standing in the back to watch.

⑫ With all the information and successful tips we have exchanged in the workshops and in the plenary sessions, I hope each of you will return to your homeland and implement what you have learned to reach further success in your cosmetics brand.

⑬ I would like to conclude by thanking*6 each one of you again for your enthusiasm and dynamism, as well as intelligent questions and answers where we learned even further.

＊1 ― be in demand は「需要がある」，be in great demand で「たいへん好評である」という意味になります。
＊2 ― export は「輸出する」です。反対語は import（輸入する）。アクセントはいずれも2音節目に置きます。
＊3 ― which formulas are essential は「どんな方策が不可欠か」という意味で，have

⑨　香港の「グラマラス・スキン」が梱包材料において画期的な発明を行なったのち，私たちが支援し，提案してきた一部の国際基準は，もっとも審査がきびしいといわれる日本の厚生労働省でさえ認めています。

⑩　さらには，韓国でしか採取できない水や植物の抽出液といった特定の含有物が，どのようにして死んだ皮膚を除去し，顔のつやを取り戻すのかということがわかりました。

⑪　スキン・ケア製品を使用する際の手法にも，いくつか非常に画期的なものがあります。もっとも参加者のみなさまの関心をひきつけていたのはタイで，タイの発表のときには多くの立ち見客が出るほどでした。

⑫　私は，参加者のみなさまがワークショップや総会で交換した情報や成功の手がかりをもって自国へ戻り，学んだことを実践してそれぞれの化粧品ブランドをさらなる成功へと導かれることを心から希望いたします。

⑬　この会議に情熱や活力を注ぎ，また機知に富んだご質問やご回答で私たちの理解をより深めてくださった参加者のみなさまがた一人ひとりに重ねて感謝の意を表し，私の閉会のご挨拶とさせていただきます。

learned の目的語となる名詞節です。
＊4 ― exfoliate は「はぎ落とす，除去する」という意味の動詞です。
＊5 ― insightful and innovative は「洞察力があり革新的な」という意味です。
＊6 ― conclude by ～ing は「～して締めくくる」という意味で，I would like to conclude by thanking は直訳すると，「感謝してスピーチを締めくくりたい」となります。

第1部 | セミナーでのスピーチ

第3章
ビジネス経営セミナー

―――― 当を得た簡約な説明 ――――　　　CD10

　経営セミナーでのスピーチは，企業・経営方針発表といった大枠の概念を伝えるものと，個々の制度の詳細を伝えるものがあります。方針を伝える際は，まず方向性を示したうえで，聞き手に考える余地を与えること。制度の説明をする際は，重要ポイントを押さえて説明すること。いずれの場合も，専門的な用語や数値はゆっくりと正確に発音するよう心がけましょう。

1―経営方針

　同じ目的をもったメンバーが一丸となって一つの目的を達成する、これがビジネスにおける成功の秘訣です。まずは組織としての方針を設定したうえで，全メンバーを同じ方向に向かせる統率力をもつことです。経営方針を伝えるときは語調や身ぶりにも気を配り，自信をもった態度で話しましょう。

　　　　　　　＊　　　　　＊　　　　　＊

～が日本製品の高品質の理由です

　ボトム・アップ方式の日本型経営は労働者に参加意識と仕事への誇りを抱かせることができます。このことこそが，日本製品の高品質の理由ではないでしょうか。

> The bottom-up management style of Japan gives workers a sense of participation and pride in their work. I believe that this may be why Japanese products are of such high quality.

日本人は～します。たとえば……

　日本人は具体的な取り引きに入るまえに，たとえばパーティーやゴルフに

誘ったりして相手が人間として信頼できるかどうか，じっくりと見極めようとします。

> In order to determine whether an individual is trustworthy, the Japanese, before proceeding with a particular transaction, will, for example, invite the individual to a party or a round of golf.
>
> *―「たとえば」は for example のほかに for instance とも言います。

意思決定に時間がかかります

日本の企業は概して意思決定のプロセスに非常に時間がかかる傾向があります。

> By and large Japanese business is characterized by time-consuming decision-making processes.
>
> *― by and large は「概して」，time-consuming は「時間がかかる」という形容詞です。

ボトム・アップで意思決定をします

日本の会社では意思決定の際，下からの意思や情報が上へ流れて方向性を決める「ボトム・アップ」システムをとっており，下部が大きな役割を担います。これに対して欧米の会社では，一般にトップが単独で即断します。

> In Japanese companies when making decisions, the flow of intent and information originates with personnel at the bottom of the organization: the "bottom-up" system is practiced, in which lower-level employees play a significant role. By contrast, the practice of companies in the West, as a rule, is for the top to reach quick decisions.

仕事をすることで帰属感を得ます

日本人は仕事をすることで共同体への帰属感を得られると考えます。

> The Japanese believe that work allows them to enjoy a sense of belonging to the community.

日本人の労働観が〜である一方，アメリカ人は〜です

日本人の労働観が周囲との調和・融合を重視する共同体志向型であるのに対して，欧米人の労働倫理は個人志向型です。

> While the Japanese work ethic stresses harmony within the group and a sense of unity, that of westerners is more individual-oriented.
>
> *―while＋節で，「〜であるのに対して」という意味になります。

当社のビジネス哲学は〜です

1947年に創立されて以来，わが社のビジネス哲学は信頼と公正であります。

> Ever since its founding in 1947, our company's business philosophy has been trust and fairness.

〜であることが，信頼を得る最良の策です

ビジネスにおいては正直かつ公正であることが，取り引き先の信頼を得る最良の策だと考えます。

> To me being honest and fair in business is the best way to win trust.

労使間のコミュニケーションに力を入れています

わが社ではとくに労使間の円滑なコミュニケーションに力を入れています。その結果，非常に風通しのよい環境が確立しています。

> Our firm strives to maintain good communication between management and labor. As a result, we have created an open work environment.
>
> *―「〜するように力を入れる」は strive to＋動詞，または make an effort to＋動詞を使います。

〜の哲学にもとづいて社会に貢献します

こうしたビジネス哲学にもとづいて，わが社は広く社会全体に貢献していくことをめざします。

> Based on this type of business philosophy, our firm aims to

contribute to society as a whole.

2 ― 会社の概要　🅲🅳11

　潜在顧客や取り引き先企業は，会社概要にあるサービス，組織規模，そしてメンバー構成などから，その会社の今後を予測しようとするものです。したがって，会社概要を説明する際は，今後の活動に期待してもらえるような過去の実績と現状とを明確に示すことがポイントです。

＊　　　　＊　　　　＊

○**年に～によって設立されました**────────────
　当社は1952年，現会長の森山秀雄により設立されました。

> Our company was established in 1952 by Mr. Hideo Moriyama, who is now our chairman.

～をする会社です────────────
　わが社は玩具の製造・販売を行なう会社で，世界50か国に輸出しています。

> Our firm manufactures and sells toys and exports them to as many as 50 countries around the world.
>
> ＊― as many as 50 countries の as many as は，「50か国も」と強調するときに使われます。

～以来，着実な伸びを示しています────────────
　2002年現在，年商総額は約2億ドルに達しました。1970年の創業以来，着実な伸びを示しています。

> As of 2002, our annual sales figure reached US $200,000,000. Our business has been growing steadily since it was established in 1970.

～は業界○位です────────────
　当社は医薬品業界において世界第3位です。

> Our firm stands in the third place among pharmaceutical companies around the world.

営業所は〜にあります

大阪，名古屋，福岡はじめ全国40か所に営業所があり，約1000人の社員がお客さまのニーズにきめ細かな対応ができるよう日々，努力しております。

> With branches in 40 locations nationwide, including Osaka, Nagoya, and Fukuoka, with a staff of some 1000 personnel, we strive to serve the needs of our customers every day, in every way.

本社は〜を扱います

東京本社ではおもに企画・宣伝・法務関係を扱っています。

> Our main office, in Tokyo, is chiefly concerned with planning, advertising, and legal matters.
>
> ＊―「おもに〜を扱う」は，be chiefly concerned with 〜のほかに specialize も使えます。

五つの組織から構成されます

わが社は，本社，営業所，研究所，製造工場，直営店の五つの組織で構成されています。

> Our company consists of five organizations: the main office, administration, research, manufacturing plants, and direct outlets.

わが社の誇る〜をご紹介します

わが社の誇る全自動印刷・製本システムについて，ビデオをご覧に入れながらご紹介します。

> Our company takes pride in its completely automatic printing and book-binding systems. Let me describe them as we watch the video.
>
> ＊―「〜を誇る，誇りに思う」は，take pride in 〜，be proud of 〜となります。

ロボットが高品質の製品を作ります
各工場にはコンピューター制御のロボットが数台ずつあり、驚異的な精度と速度で高品質の製品を生みだしています。
> Each of our factories is equipped with several computer-controlled robots, which makes for an astounding degree of accuracy and speed.

オンライン・システムで迅速に届けます
一昨年、全国の卸売業者とのあいだにオンライン・システムを導入しました。これによってお客さまに迅速に商品をお届けできるようになりました。
> The year before last, we introduced an on-line system among wholesale dealers across the nation, in order to supply customers with our products quickly.

○種類以上のサークルがあり、活動しています
当社には20種類以上のさまざまなレクリエーション・サークルがあり、社員の自主運営で活動を行なっていますが、会社から補助金も出ています。
> We have more than 20 different recreation groups run by our workers, which are subsidized by the company.

○週間の夏休みがあります
社員には土日を含んで1週間の夏休みがあります。この有給休暇は8月中であれば、いつでも好きな時期にとることができますが、お盆に帰省したいと思っている人たちにはとくに貴重だと思います。
> We have a one-week summer vacation including weekends for our employees. These paid holidays, we believe, are very important for those who wish to return to their hometowns during O-bon although employees are free to choose the dates of the time off during the month of August.
>
> *—「故郷」は、都市部でなくても hometown と言います。

3―雇用システム

社員の出身国がどこであれ，雇用システムについては入社時に説明し，じゅうぶんに理解してもらったうえで雇用契約を結ぶことがたいせつです。この作業がその後のトラブル防止につながります。また，対外的にも，充実した雇用システムはその企業の評価を高めるものです。

*　　　　　　*　　　　　　*

終身雇用を実行しています

日本では，転職が以前より多く見られるようになったとはいえ，企業の多くは終身雇用がいまなお一般的で，長期の雇用が保証されています。

> In Japan though there has been a noticeable increase in the practice of change of employment, many companies continue to offer lifetime employment, thus ensuring long-term employment for workers.
>
> *―「終身雇用」は lifetime employment と言います。なお，「年功序列制度」は seniority system です。

年功序列制度は若い人のやる気を奪います

年齢や勤続年数の多少で昇進や賃金を決める年功序列制度は，非常に優秀な人や若い人たちのやる気を奪ってしまいます。

> The practice of seniority and long years of service in reaching decisions on promotion and raises in many ways deprives promising younger workers and individuals of motivation.
>
> *― deprive ＋ 人 ＋ of ～は「～から～を奪う」という表現です。

年功序列制度は障害となりつつあります

わが社の将来は，最新の技術革新に追いついていけるかどうかにかかっています。そうしたとき，年功序列制度は大きな障害となりつつあると言わざるをえません。

> We must admit that the seniority system is becoming a major obstacle when we consider that the future of our company

depends on whether we will be able to catch up with advances in new technology.

女性社員の雇用を推進すべきです

消費者の半数は女性なのですから，女性消費者の心理を理解するためにも，もっと積極的に女性社員の雇用を推進すべきです。

> As half of the consumers are women, in order to understand the psychology of female consumers, we should make greater efforts to employ more women.
>
> ＊──in order to＋動詞は，to＋動詞よりも「～するために」という目的をはっきり表現します。口語では so as to ～も使われます。

社員に外国語を学ぶ機会を与えています

わが社では，語学学校と提携して社員に外国語を学ぶ機会を与えています。

> We have been giving our employees an opportunity to learn foreign languages through an agreement with a language school.

海外研修制度があります

当社には最長4年の海外研修制度があります。参加者は候補者の語学力と上司の推薦にもとづいて決定されます。

> Our firm has an overseas trainee program with the maximum period of four years. Candidates will be selected on the basis of linguistic ability and letters of recommendation by their superiors.
>
> ＊──「推薦する」は recommend,「推薦」は recommendation,「推薦状」は a letter of recommendation です。

帰国後～を把握することが重要です

海外研修制度を実施するにあたっては，参加者が帰国後，海外での経験を仕事にどう生かしているかを把握することが重要です。

> When implementing an overseas training program, it is very

important that we fully assess how best returning employees are utilizing their overseas experience for their work.

4—人事と定年

今日では，65歳までの継続雇用や早期退職優遇制度などの新しい制度に切り替える企業が増えてきています。制度の説明は，社員が納得いくよう，ポイントを押さえて行ないましょう。スピーチの席では記録を残すことがむずかしいので，詳細は文章化したものを配布するとよいでしょう。

＊　　　　＊　　　　＊

～さんを～に任命します

今井洋子さんを新チームのプロジェクト・マネージャーに任命します。

> We have appointed Ms. Yoko Imai to be the project manager of a new team.

毎年○月に昇進・転勤の辞令を発します

原則として，毎年4月1日に昇進と転勤の辞令を発します。

> In principle, we announce promotions and transfers on April 1st every year.

昇進は～の推薦にもとづいて行なわれます

昇進に関する決定は，直属の上司の推薦をもとに人事委員会で検討・決定されます。

> Decisions about promotions are submitted to the personnel committee for consideration based upon the recommendation by a candidate's immediate superior.
>
> ＊—「昇進する」は get promoted, get promotion,「昇給する」は get a raise となります。

転勤は～の推薦で決定します

転勤は関係部署の要請・推薦により決定されますが，本人からの希望が出ている場合は，まずそれを検討します。

> While decisions about transfers are made at the request and

recommendation of the section concerned, in case there is a request from the individual in question, we consider it first.

転勤の辞令は断わることができます

家庭の事情などで転勤を望まない場合は，辞令を断わることができます。そのことによって不公平な扱いを受けることはありません。

Based upon personal and family reasons, employees may turn down transfer appointments if they wish to do so. They will not be treated unfairly even if they do so.

*— turn down は「断わる」という意味で，このほか decline, refuse も使います。

定年は○歳です

定年は男女とも60歳ですが，希望者は65歳まで嘱託で働くことができます。

The mandatory retirement age is 60 for both men and women, though those who are willing to work may do so on a contract basis till they become 65.

早期退職も認めています

希望すれば，早期退職も認めています。

We accept earlier retirement if one wishes.

5─企業合併 CD14

グローバル化が叫ばれる今日，事業の効率化を目的とした企業合併は国境を超えて行なわれています。合併に伴う企業方針の変更は，会社関係者に大きな不安を与えるものです。この不安を取り除く意味でも，企業方針の変更は早期に告知しておくとよいでしょう。

*　　　　　*　　　　　*

～と合併することになりました

2年間にわたる慎重な検討の結果，わが有田電気工業は山瀬㈱と合併することを決定いたしました。新しい社名は「新東京電気㈱」です。

第3章　ビジネス経営セミナー　75

> After careful considerations over two years, Arita Electric Industries has decided to merge with Yamase, Inc., and assume the new company name of Shin Tokyo Denki, Inc.

～に吸収されることになりました

残念ながら，わが社はこのたび，山村貿易に吸収されることになりました。とはいえ，これは完全に友好的なものであり，当社にもじゅうぶん利益のある条件のもとになされたものです。

> We would like to inform you that our firm has come under the management of Yamamura Trading. The arrangement is a completely amicable one, which is certain to be of considerable benefit to us as well.

～として業務を開始することになりました

私たちは本日から新たにアップル銀行として業務を開始することになりました。

> Today is the first day of operations as members of Apple Bank.

吸収ではなく，平等合併です

このたびの合併は林商事による吸収合併ではなく，まったく平等の立場での合併です。乗っ取られるのではないかと心配する人もいるかもしれませんが，そんな心配は無用です。

> Let us assure you that this merger is not a take-over of our firm by Hayashi Trading; the arrangement will mean that we maintain a position of equality. Some of you may be concerned whether we are being taken over. You have nothing to fear.

> ＊─ merger は「合併」という意味の名詞で、動詞は merge（合併する）です。また、「接収する，吸収する」は take over と言います。

より～な市場を開拓できるようになります

今回の合併によってわが社は長年の宿願であった教育部門への参入が実現し，より大規模に市場を開拓できるようになります。

> As a result of the coming merger we shall realize our long-

cherished desire to participate in the education segment and develop our market on a large scale.

ライバル意識をプラスに転化してください

かつてのライバル会社と，これからは手をたずさえて歩むことになるわけです。これまでのライバル意識をプラスに転化して，みなさんが最善を尽くしてくださるようにお願いいたします。

We shall now be moving ahead hand-in-hand with our former competitor, and turning the old rivalry into an advantage. We're counting on each and every one of you to do your very best.

以前と変わらぬ仕事ぶりを発揮してください

合併に際して部署の統廃合も若干ありますので，落ち着くまでには多少時間がかかるでしょうが，そうした事態を冷静に受け止め，以前と変わらぬ仕事ぶりを発揮していただきたいと思います。

Readjustment procedures in view of the merger will require some time; until that goal is achieved, I wish that everyone will continue to show the same job performance as in the past.

*— the same 〜as …は「…と同じような〜」という意味です。

◆サンプル・スピーチ ⑤

Business Seminar
——explanation of the purpose by a sponsor——

Fellow HR Committee Members and Distinguished Guests

① Hello and welcome to the 6th HR Committee Luncheon Seminar.
② My name is Mamoru Nakamura, co-chair of the HR Committee. I am the senior vice president of HR at the Canola Group Inc. and will serve as the host of this luncheon seminar.

③ Today we have a very exciting presentation from the G & G Group about the changes they have made[*1] in their HR policy to match the company's global presence and strategy worldwide.
④ Over a decade G & G gradually faced a drop in their share within the Singapore market.
⑤ They are committed to deal with the challenge of growing their market share into what they believe it should be in Singapore, their strategic contact point within Asia-Pacific.[*2]
⑥ Their strategy as a Global Company showed that the infra-structure of their organization in Singapore was not following the policy established by the headquarters.

⑦ A major restructuring and engineering of the various divisions in the G & G Group were necessary to follow thoroughly the Global Company strategy.
⑧ Intensive training on diversity and mentor system[*3] had to be implemented to retain their "high potential" employees, who required new skills and mindset in order to carry out[*4] the big vision and mission of the G & G Group.
⑨ Those who were not willing to[*5] follow the new aggressive policy were

ビジネス・セミナー
――主催者による趣旨説明――

人事委員会メンバー，ならびにご来賓のみなさま，

① こんにちは。本日は第6回人事委員会ランチ・セミナーにようこそお越しくださいました。
② 私は人事委員会共同議長の中村守と申します。私はカノーラ・グループ株式会社人事部のシニア・バイス・プレジデントをしておりまして，当セミナーの司会を務めさせていただきます。

③ 本日は，G＆Gグループがプレゼンテーションを行ないます。国際社会におけるプレゼンスの向上と世界規模での経営戦略とを一致させるためにG＆Gが行なった人事政策の転換，という非常に興味深い内容です。
④ G＆Gのシンガポール市場におけるシェアは，10年以上にわたって段階的に下落してきました。
⑤ いま彼らは，アジア太平洋地域戦略の拠点であるシンガポールにおいて市場シェアを伸ばしていく必要があるという考えに立ち，その実現に向けて全力を投じています。
⑥ グローバル・カンパニーの戦略によると，シンガポールにおけるG＆Gの構造基盤は，かならずしも本部で作成された戦略に沿っていなかったことが明らかになりました。

⑦ かつてG＆Gグループの各部門における重要な改革や運営に関しては，グローバル・カンパニーの戦略に徹底的に従うことが求められていました。
⑧ また，いわゆる「有望な社員」を保持しておくための方策として，多様性を引き出す集中トレーニングや，社内指導教育体制が導入されました。というのも，彼らはG＆Gグループの壮大なビジョンや使命を遂行する人材として，新しい技能や思考態度をもつことを求められていたからです。

given options to move out into the related companies or find employment elsewhere on a very generous early retirement plan.

⑩ The Singapore G & G Group had unfortunately become too localized and was not willing to confront and take risks by voicing frank opinions*6 and intents based on the cultural tendency for harmony within the Singapore organization. All of these issues had to be confronted.

⑪ Let us have Ms. Jean Domingo, the new senior vice president of the HR department of G & G Group, address the key issues and the exciting policy changes they have implemented to create a dynamic, growing corporate culture within G & G, where the motivation is up by*7 150% as proven by the 10% increase of their market share and 30% growth of their sales turnover in the first half of this year based on their innovative policy changes.

＊1 ─ the changes they have made は，they の前に関係代名詞 that または which が省略されています。make a change は「変更する」という意味です。
＊2 ─ their strategic contact point within Asia-Pacific は，その前の Singapore と同格です。
＊3 ─ mentor は「よき指導者，教育係」，mentor system で「社内教育体制」を意味します。
＊4 ─ carry out は「実行する，遂行する」という意味の熟語です。

⑨　そして，これらの新しく独断的なグループ方針に従うことを拒む者には，関連会社への出向か，あるいはきわめて寛大な早期退職制度を利用してどこかべつのところで職を見つける，という選択肢が与えられていたのでした。

⑩　残念なことに，シンガポールのＧ＆Ｇグループはあまりにも現地化されすぎていました。そのため，シンガポールの組織に特有の調和を重んじる文化的な傾向が根底にあり，この問題に立ち向かうことや，率直な意見や意向を表明するというリスクを嫌いました。こういったすべてのことがらが，取り組まねばならない課題だったのです。

⑪　それでは，Ｇ＆Ｇグループ人事部の新しいシニア・バイス・プレジデント，ジーン・ドミンゴ氏をお迎えしましょう。ドミンゴ氏は，主要な課題や，Ｇ＆Ｇのなかに力強い企業文化を創りだす目的で導入された革新的な政策転換に取り組んでいます。Ｇ＆Ｇではこの政策転換によって社員の意欲が150％にまで上昇し，その証拠に，今年の上半期で市場シェア10％増と売上高30％増を達成したのです。

＊５─be not willing to 〜は「〜したがらない」という意味で，be reluctant to 〜とも言えます。
＊６─by voicing frank opinions の voice は「述べる，表明する」という意味の動詞で，「率直な意見を表明することによる」という意味になります。
＊７─up by 150％の by は「〜まで，〜だけ」という程度を表わす前置詞で，「150％まで上昇する」という意味になります。

◆サンプル・スピーチ ⑥

Opening Address
——explanation by a chairperson at an International Summit of Women Managers——

Your Excellencies, Distinguished Guests, Ladies and Gentleman

① As the Master of Ceremony for this auspicious[*1] conference of the International Summit of Women Managers, I would like to welcome you to the 15th Summit here in Tokyo under the educational theme of "Innovative Leadership, Challenging the 21st Century."
② My name is Naoko Teraoka, and I represent the Japanese delegation today, which is the largest in number with 250 women. It is by far[*2] the largest participation from one nation.

③ Last year in Seoul we had 45 female ministers from various nations attending and female leaders in the government, business and NPO worlds, from 85 nations, adding up to[*3] almost 900 participants.
④ Today I proudly announce that we have all our female leaders who are ministers from Japan attending, and 55 women ministers from around the globe.
⑤ We have also over 900 participants from 90 nations attending.
⑥ I am happy to announce that for the first time[*4] we have with us here today the Foreign Minister from Japan, the Honorable Ms. Kobayashi. Ms. Kobayashi will give a speech after the welcome address from our Summit President, Ms. Takako Kitamura.
⑦ Also, we will be hearing a speech given by Ms. Maria Gonzalez Cortez from our pervious host country, Mexico. She will deliver a speech[*5] about problems concerning female leaders in the business world, and how it is being dealt with[*6].
⑧ We are also very pleased to have with us all the top female leaders of the multi-national global companies participating as panelists and successful

開会の挨拶
――世界女性経営者会議での司会者による内容説明――

各国大臣閣下ならびにご来賓，ご列席のみなさま，

① 本日は，第15回世界女性経営者会議へのご出席のために，ようこそ東京へお越しくださいました。「革新的リーダシップ，21世紀への挑戦」というテーマでめでたく開催する運びとなりました本会議の進行役として，みなさまを心から歓迎申しあげます。

② 私は寺岡直子と申します。本日，女性250人という最多参加人数を誇る日本代表団の長を務めさせていただいております。250人というのは，一国からの参加人数としては圧倒的な数であります。

③ 昨年，ソウルで行なわれた会議には，各国から45人の女性大臣と，85か国から政界，ビジネス界，NPO界の女性指導者たち総勢およそ900人のかたがご参加くださいました。

④ 本日はまことにすばらしいことに，日本で大臣の任に就かれている女性指導者のみなさま全員にお越しいただいており，そのほかにも世界各国から55人の女性大臣がご参集くださいました。

⑤ また，世界90か国からの参加者は900人以上にのぼります。

⑥ さらに，今回ははじめて日本の小林外務大臣をお迎えしております。小林外務大臣には，当サミットの議長を務める北村孝子女史による歓迎のご挨拶のあとに基調講演を頂戴することになっています。

⑦ さらに，前回の開催国でありますメキシコのマリア・ゴンザレス・コルテス女史から，女性が経済界で指導的な役割を果たすためのメキシコにおける諸問題と取り組みについてお話をいただきます。

⑧ また，おもな多国籍企業のトップ・リーダーとしてご活躍のみなさまをパネリストとしてお迎えするほか，成功をおさめている起業家のかたがたに，成功の秘訣とこれまでに乗り越えてこられた困難や試練についてお話を伺います。

entrepreneurs to share their secrets of success, as well as difficulties and challenges that they had to overcome.

⑨ Now I would like to call on*⁷ the president of E-Learning International, Ms. Sun-Mee Kim, who served as the Executive Chair of the Korea Host Committee last year to hand*⁸ the Special Symbol of the International Summit of Women Managers to the President of the National Institute for Women Managers, Ms. Hiromi Suzuki, who serves as the Executive Chair of the Japan Host Committee.

⑩ Let us welcome Ms. Kim and Ms. Suzuki for this special exchange.

＊1 ― auspicious は「めでたい，さいさきのよい」という意味で，promising と同義語です。
＊2 ― by far the largest participation の by far は最上級を強める語です。far は比較級を強めます。far better（ずっとよい），by far the best（ずばぬけてよい）などと使います。
＊3 ― add up to ～は「合計～となる」という意味です。
＊4 ― for the first time は「はじめて」です。「最初は」なら at first，「第1番目に」は first となります。

⑨　さて，ここでEラーニング・インターナショナルのスンミー・キム会長をお呼びしたいと思います。キム会長は昨年，韓国の運営委員会で議長を務められました。本日，キム会長には，世界女性経営者会議の標章を日本の運営委員会の議長を務める女性経営者協会の鈴木裕美会長へ手渡していただきます。

⑩　それではみなさま，キム会長と鈴木会長をお呼びして，この特別な標章受け渡しのセレモニーへと移りましょう。

＊5 ― deliver a speech は make a speech と同義語で，「スピーチをする」という意味です。
＊6 ― how it is being dealt with は直訳すると，「それがどのように扱われつつあるか」となり，進行形の受身の形になっています。dealt は deal の過去・過去分詞形です。
＊7 ― call on A to 〜は「Aに〜するよう頼む／求める」という意味のあらたまった表現です。
＊8 ― hand は「手渡す」という意味の動詞です。

補章
受付や案内でよく使う決まり表現

——知っ得フレーズ集❶—— CD15

　フロントやインフォメーション・デスクでの目的は，疑問を解決することと，名前や連絡先といった自分に関する情報を正確に伝えることです。正しい文法やきれいな発音を意識するよりも，自分の意図を正確に相手に伝え，自分の欲しい情報を手に入れることのほうがたいせつなのです。高頻度で使用する表現はいくつか暗記しておき，実践の場で試してみてください。

❶——フロント

　フロントで必要となる言い回しはいたってシンプルで，他の場面での応用が可能なものばかりです。フロントの担当者は外国人客に慣れていますが，彼らにとっても外国語での固有名詞は聞き取りにくいものです。自分の名前や会社名を伝えるときは，綴りもあわせて伝えておきましょう。

　　　　　＊　　　　　＊　　　　　＊

▶**手続き**
　すでに参加の申し込み**をしてあります**が，日本工業の山田太郎と申します。
　　My name is Taro Yamada. I am a member of Nihon Kogyo. ;
　　I've already made an application for admission.
　ご招待をいただいている日本電気・営業部長の鈴木隆雄です。
　　My name is Takao Suzuki. I'm Chief of Operations for Nippon Electric. **I'm here to accept the invitation**.
　事前の参加申し込みをしてありません。**どうすればいいですか**。
　　I haven't registered yet; **how should I proceed**?
　同僚が一緒に来ております。**受け付けていただけませんか**。

| My colleague is with me; **how should he register**?

参加者名簿とプログラム**をいただけませんか**。

| **Could you give me** a guest list and a program?

パーティーはどこであるのですか。

| **Where is** the Official Banquet **going to be held**?

ここからパーティー会場まではどのように行ったらいいですか。

| **Which way is it to** the banquet hall?

*―Where does the Official Banquet take place?（パーティーはどこであるのですか）とも言えます。

レセプションの**会費はおいくらですか**。

| **How much is the fee for** the reception?

お祝いの生花**をお持ちしました**。ご本人にお届けください。

| **Here are** some flowers **I've brought** as a token of congratulations; **could you please see that they're delivered**?

*―see that they are delivered の see は，that 以下のことを「配慮する，取り計らう」という意味です。

あとどのくらいで祝賀会は**スタートしますか**。

| **How soon does** the awards' ceremony **begin**?

*―「どれくらいで〜するのですか」と聞くときは How soon 〜? を使います。「あとどのくらいでバスはきますか」なら，How soon will the bus come? となります。

正装にしなければいけませんか。

| **Is formal dress required**?

| **Is it required** that people **wear formal dress**?

▶参加申込書の書き方 ─────────

参加の申し込みをしたいのですが，用紙をいただけませんか。

| **I'd like to apply for** admission; **may I please have** an application form?

参加費はおいくらですか。
> **How much is** the admission fee?

❷ーインフォメーション・デスク　　　CD16

インフォメーション・デスクは疑問を解決するところです。聞き取れなかったり，説明が不十分だと感じたりした場合は，躊躇せずに聞き返してください。また，言葉だけでは質問の意図が伝わりにくいと感じたときは，地図やガイドブックといった資料をさしながら質問をするとよいでしょう。

＊　　　　＊　　　　＊

▶案内と手配

近くで私が泊まれるような**手ごろなホテルを紹介していただけませんか**。
> **Is there an inexpensive hotel** nearby that **you could recommend**?

ホテルまでどのように行けばよいのでしょうか。
> **How can I find** my way to my hotel?

私に郵便物が届いていませんか。
> **Has any mail arrived** here for me?

この郵便物を出しておいていただけませんか。
> **Could you please mail** this for me?

ブラウン氏の電話番号と住所は，どこで聞けばわかるでしょうか。
> **Could you tell me how I could find** the phone number and address of Ms. Brown?

このあたりにレストラン街がありますか。
> **Is there anywhere nearby where** I can find some restaurants?
> ＊ー「最寄りの〜」は nearby 〜または the nearest 〜を使います。「最寄り駅はどこですか」なら，Where is the nearby (nearest) station? となります。

何か観光ツアーがありますか。
> **Are there any** sightseeing tours?

夜のバス・ツアーの出発は何時ですか。切符はどこで買えますか。

| **What time does** the night-tour bus leave? **Where can I buy** tickets?

航空券の出発時刻を再確認したいのですが。
| **I'd like to reconfirm** the departure time for my flight.

列車の予約を取るには，どうすればいいですか。
| **How can I make** train **reservations**?
| ＊―「予約を取る」は make a reservation を使います。I'd like to make a reservation for Flight 55 on Saturday. （土曜日の55便を予約したいのですが）のように用います。

▶支払い

支払いは外貨でもよろしいですか。
| **May I pay in foreign currency**?

支払いはトラベラーズ・チェックでもよろしいですか。
| **May I pay with a traveler's check**?

支払いはクレジット・カードでもよろしいですか。
| **May I pay with a credit card**?

小切手でもいいですか。
| **May I write a check**?
| **Will you accept a check**?

▶通訳

通訳してくださいませんか。
| ＊―「通訳する」は interpret または translate，「通訳者」は interpreter または translator です。
| **Would you translate for** me?
| **Would you kindly act as interpreter** for me?

私はドイツ語がわかりません。
| **I cannot understand** German.

日本語とスペイン語を話せるかたはいらっしゃいませんか。
| **Does anyone here speak** Spanish and Japanese?

スピーチとプレゼンの違い

　久しぶりに会った知人に「こんど，スピーチの本をつくるよ」と言うと，その聡明な彼女から「それって，プレゼンの本のこと？」という返事が返ってきました。日米のトップ・スクールを卒業し，現在はアメリカでコンサルタントをしている優秀な日本人である彼女の頭のなかでは，スピーチ＝プレゼンとなっていたのです。長いビジネス・キャリアのなかで多くのプレゼンを行ない，その前日も訪日目的である日本でのセミナーのプレゼンを見事にこなした彼女にとって，プレゼンの「存在感」が圧倒的であったとしても不思議ではありません。

　しかし，スピーチとプレゼンとは違います。じゃあ，実際，どう違うのかと言われると，意外とぼんやりしているというか，世の中であまりはっきりと説明されていないように思います。この違いを考えてみよう，というのが本コラムの目的です。

◆スピーチは右脳へ、プレゼンは左脳へ

　まず，英々辞典で speech と presentation の定義を見てみましょう。*The Concise Oxford Dictionary* によりますと，

- ＊Speech＝a usually formal address or discourse delivered to an audience or assembly.（聴衆向けあるいは集会での，通常はフォーマルな演説や講演）
- ＊Presentation＝a demonstration or display of materials, information, etc.（データや情報の説明や提示）

となっています。

　どうやら，Speech の "formal"，Presentation の "information" あたりが鍵で，スピーチはフォーマルなもの，プレゼンは情報を伝えるもの――ということのようです。これだけでもなんとなくわかったような気がしますが，もう少していねいに考えていきましょう。

　ここでは問題解決のための手法を使って進めたいと思います。既刊『英語

でプレゼン』のなかで，21世紀を生きるビジネス・リーダーの3要件の最初にあげた「問題発見・解決能力」(同書3ページ)の訓練だと思って，みなさんもご一緒に考えてみてください。

問題をまず「スピーチとプレゼンの違いを明確にする」と定義します。この問題を解決するために，みなさんはどんな手法を使われますか？ 私はみなさんもよくご存知の「5W＋1H」で考えてみたいと思います。5WとはWhy・Whom・Where・When・What，1HはHowですね。その結果をまとめたのが93ページの表です。

前述のように，巷の書物やインターネットで調べるかぎり，スピーチとプレゼンはあまりきちんと分けて語られていないようですし，実際，両者には重なる部分があるのも事実です。したがって，同表はあくまで「通常」「概して」「一般的には」などの表現が省略されていると考えてください。

さて，それでは，両者の違いのポイントはなんでしょうか？

それは，「スピーチは，大きなテーマについて情熱や信念を持って言葉のみで語りかける」。これに対して，「プレゼンは，具体的なデータを論理的に言葉とビジュアル・エイドなどを使って説明する」という点ではないでしょうか。別の言い方をすれば，「スピーチは聴衆の右脳へ訴え，プレゼンは左脳に働きかける」と言ってもよいでしょう。これはあくまで私流の解釈です。みなさんもご自身が納得する言葉で，ご自分なりの結論を引きだしてみてください。

◆スピーチかプレゼンかよってHOWを使い分ける

このように両者は異なりますので，当然，それぞれの準備の仕方もやり方も違ってきます。きわめて単純化して言えば，スピーチはpathos（情念）の世界，プレゼンはlogos（理性）の世界での出来事とでも言いましょうか。

したがって，たとえば，企業のリーダーがみずからのビジョンを語るスピーチをするときに，財務データのいっぱい詰まったパワー・ポイントなどのビジュアル・エイドを使ってやるのはいただけません。聴衆はビジュアル・エイドそのものや，そこに書いてあるデータに気を取られてしまい，リーダ

ーの情熱や信念が伝わりにくくなってしまうからです。アメリカ大統領が就任演説のスピーチをするときにビジュアル・エイドを使ったら，どうでしょうか。あり得ないことですが，たとえとしてはおわかりいただけると思います。

　もう少し身近な例をあげましょう。

　ある会社の社長が将来の幹部候補生を集めた席で，コンピューターのビジュアル・エイド・スライドを使ってみずからのビジョンと戦略を説明しました。これを聴いた幹部候補生は，「部下かコンサルタントが作ったような資料を得々と説明してもらったが，社長の思いがまったく伝わってこなかった」とたいへん失望したそうです。社長のほうはといえば，「自分もビジュアル・エイドの使い方がだいぶうまくなった」と悦に入っていたというのですから，お話になりません。

　一方，IR（＝Investor Relations）の一環としての投資家向けの説明会で，企業のトップが財務データなしにビジョンのみを熱っぽく語ったとしたら，投資家はこの会社に投資するでしょうか。答えは明らかにノーです。こういう場には具体的なデータをきちんと説明して納得してもらうことが不可欠だからです。

　私がインドの合弁事業の再建に関わったときのことをお話ししましょう。私の派遣元の親会社は，事業はいまでこそ苦戦しているものの，将来性はおおいにあると見て増資引き受けに応じ，筆頭株主になるとの意思決定をしました。そして，初代の日本人幹部として私を送り込んだのです。私が日本を出発するまえに言われたのは，「増資した金がきちんと使われるように目を光らせよ」ということでした。

　しかし，赴任後に私が社員とのコミュニケーションを通じて感じたのは，何よりも人心の疲弊と将来に対する不安でした。「いくらお金があっても，人が動かなければ，この事業は回復しない」と強い危機意識を抱いた私は，幹部社員をインド全土から集めたミーティングを招聘しました。ミーティングの目的は，赤字続きの事業会社のＶ字回復のためにビジョンと戦略を示し，一日も早く全社一丸となって全力で動き出すよう訴えることでした。

　まず，私は社員一人ひとりの目を見ながら，生まれ変わった会社の将来像

	スピーチ	プレゼン
Why（なぜ）	○感動を呼び起こす ○コミットメントを伝える ○賛同を得る	○データを伝える ○ポイントを説明する ○納得させる
Whom（だれに）	○多人数 ○不特定多数 ○多様性	○少人数 ○特定少数 ○均質
Where（どこで）	○総会議場 ○大会議室 ○ボール・ルーム	○個別会場 ○小会議室 ○ミーティング・ルーム
When（いつ）	○総会 ○セレモニー ○最初と最後	○分科会 ○ビジネスセッション ○コアセッション
What（なにを）	○大きなテーマ ○情熱 ○信念	○個別テーマ ○具体的なデータ ○詳しい情報
How（どうやって）	○言葉のみ ○質疑応答なし ○右脳へ訴える	○言葉＋ビジュアル・エイド ○質疑応答あり ○左脳へ働きかける

について熱く語りました。これはスピーチです。

　そして，新しいビジョンを達成する戦略の部分では，具体的なデータを示しながら，ビジョン到達への道筋を論理的に示しました。社員からの矢継ぎ早の質問にも一つひとつ丁寧に答えました。これはプレゼンです。

　つまり，一つのミーティングのなかで，目的によってスピーチとプレゼンを使い分けたのです。

　5Wを分析し，その結果によってスピーチとプレゼンの1Hを使い分けていただきたい，というのが本コラムのポイントです。

実りあるコミュニケーションを導く3C

　英語を母国語としない日本人は，スピーチに限らず，英語によるコミュニケーションをどのように心がけたらよいでしょうか。

　30年間，グローバル・ビジネスにかかわり，現在は若い大学生に英語によるコミュニケーションを教える私ですが，結論は① Clear（明瞭に），② Concise（簡潔に），③ Creative（創造的に）の3Cです。

① Clear（明瞭に）

　ビジネスにせよ，学問にせよ，みずからが主張するポイントが相手に明確に伝わらなければ，それこそ「お話になりません」。日本語には曖昧さのなかに美しさを見いだすような文化がありますが，ビジネスや学問ではこうした曖昧さは無縁どころか，積極的に排除すべきです。外国語である英語の習得には長い時間と多くの努力を要しますが，英語は基本ルールに従うことで明瞭に表現することが可能な言語です。そうした英語の特徴を生かし，ビジネスなり学問上なりの本来の目的を達成できるように努力すべきです。

② Concise（簡潔に）

　不必要に長いだらだら文章を用いないということです。Legalese という言葉がありますが，これは「専門家にしかわからないような難解で煩雑な法律用語」のことです。Gobbledegook は公文書などに見られる「まわりくどく，わかりにくい表現」のことで，七面鳥の鳴き声からアメリカの Maverick 下院議員（Congressman）の造語だといわれています。

　アメリカの政・法曹界にもこうした難解な英語が蔓延しているようですが，心ある人はこういう複雑怪奇な英語を改めようと考え，実行しています。英語を母国語としない私たちが簡潔な表現を追求するのは当然でしょう。

③ Creative（創造的に）

　明瞭で簡潔であっても，あるいは外国語であっても，創造的であることは可能なはずです。みなさん独自のものの見方やユーモアなど大いに発揮して相手の心をがっちりと捉えていただきたいと思います。

● 第2部

セレモニーでのスピーチ
余韻が残るユーモアやウィット

Part Two: Speeches at Ceremonies—Humor and Wit Charged with Subtle Overtones

第2部の英文例はサンプル・スピーチを除きCDに収録してあります。頭出し番号はCD17からCD40までです。

| 第2部 | セレモニーでのスピーチ |

第1章
歓迎会／昇進祝い／送別会

―――心をこめた激励と感謝―――　　　　　　　　　　CD17

　人を迎え入れるスピーチでは，今後は同じ組織のメンバーとして業務に携わる喜びの心を伝えましょう。また，人を送り出すスピーチでは，それまでの感謝の気持ちと，これからの活躍を期待する気持ちとを伝えましょう。

1―他者紹介

　日本人は自己紹介をするときだけでなく身内・部下を紹介する際にも，謙虚に紹介することを美徳とする傾向にあります。しかし，世界を舞台にするビジネス・パーソンはこの習慣から少し離れ，優れている面は優れている面としてはっきりと述べるようにしてください。（自己紹介の文例は第1部第1章をご覧ください。）

　　　　　　　＊　　　　　　　＊　　　　　　　＊

○年連続して～なさいました

　彼女は5年連続して建築家協会の住宅開発部門で最優秀建築家賞を受賞なさいました。

> For five years in a row, she has been awarded the prize for excellence in construction by the housing development division of the Association of Construction Engineers.

一貫して～の分野で活躍してこられました

　スミスさんは当社に20年にわたって勤務なさり，一貫して国際法務の分野で活躍してこられました。

> Mr. Smith has been with us for 20 years, active in the area of

international law from the very beginning.

～さんの精力的な取り組みがなければ，～できなかったでしょう

彼の精力的な取り組みがなければ，わが社がアメリカのトップ3社を顧客として迎えることはできなかったでしょう。

> Without his tireless efforts, we would not have been able to add the top three US companies to our client list.
>
> ＊―「～がなければ，～なかっただろう」は，仮定法を使います。without ～，～ would not have ＋ 過去分詞となります。

～で活躍の高名な～です

山田さんはハーバード・ビジネス・スクールのMBAで，アメリカで活躍しておられる高名なフィナンシャル・アナリストです。

> Ms. Yamada holds an MBA degree from Harvard Business School, and is a renowned financial analyst through her activities in the US.

同時によき夫，やさしい父親でもあります

氏は仕事の面ではひじょうに厳しく勇猛果敢なかたですが，同時によき夫であり，2人のお子さんのやさしい父親でもおられます。

> He is strict and aggressive, when it comes to business, but at the same time, a nice husband and a caring father of two children.

彼ほど～な人には会ったことがありません

彼ほど思いやりが深く，洞察力のある人には会ったことがありません。

> I have never met anyone（who is）so considerate and insightful as he（is）.

～として優秀なだけでなく，～でもあります

彼女は技術者として優秀なだけでなく，よく気がつくチーム・メンバーでもあります。

> She is not only an excellent engineer, but also a considerate team member.

2―新入社員の歓迎会　　　　　　　　　　　　　CD18

　外資系企業での歓迎の挨拶はたいへん簡単なものです。しかし，そのなかには，ポイントを押さえた，新入社員に対する喜びや期待の気持ちが含まれています。私たちが外国から新入社員を迎え入れる場合も，このスタイルからヒントを得てはいかがでしょうか。

　　　　　　　＊　　　　　　＊　　　　　　＊

心から歓迎の意を表します

　まず，ここにおられるみなさん全員に心からの歓迎の意を表します。

> First, I would like to express to all of you here our sincere welcome.

お迎えできてうれしく思います

　みなさんを当社のメンバーとしてお迎えできたことをたいへんうれしく思います。

> It is my great pleasure, on the part of our firm, to welcome all of you here.

みなさんは○人のなかから選ばれたのです

　今年の新入社員の選考は相当きびしいものになりました。みなさんは500人以上の応募者のなかから選ばれたのです！

> We had a rigorous screening process this year, since you were selected as new members of the company out of over 500 applicants!
>
> ＊― a rigorous screening は「きびしい選考」の意味です。このほか，thorough, severe などの形容詞を使ってもよいでしょう。

～の一員になったことを誇りに感じているでしょう

　みなさんはきっと，時代の最先端を行くこの会社の一員になられたことを誇りに感じていることでしょう。

> I am certain that you must be proud of being part of a company like this, which is at the forefront of a new era.

新しい勢力が必要です
会社をより活性化し競争力をつけるためには，みなさんのような新しい勢力が必要なのです。

> We need new blood like yours to become more aggressive and competitive.

～は異なりますが，共通の目的をもっています
日本とベトナムでは文化や歴史的なバックグラウンドは異なりますが，私たちは共通の目的をもっています。それは，安全でおいしい食品を消費者に提供するということです。

> Though the cultural and historical backgrounds of Japan and Vietnam differ, we have the same goal: to supply consumers with safe, delicious food products.

＊— supply A with B は「A に B を供給／提供する」の意味です。

みなさんには～が備わっています
みなさんには新鮮な発想や想像力，洞察力が備わっています。どうかそうした力を新鮮なうちに存分に活用してください。

> All of you are blessed with new ideas, imagination and insight; please make full use of them while they are still fresh.

全力で取り組んでください
みなさんが全力で仕事に取り組んでくださることを願っています。いい仕事をすれば，それは会社に貢献することになるだけでなく，みなさんの能力を伸ばすことでもあるのです。

> I hope that all of you will do your very best in performing your duties. Doing a good job not only makes a positive contribution to the company, but enhances your own competence, as well.

社会の幸福のためにも働いてください
たんに，この会社のためだけに働くのではなく，自分自身のため，社会の幸福のためにも働いていただきたいと思います。

> I want you to work not only for the company, but for yourselves

and also for the well-being of our society.
共に手を携えて仕事をしましょう
重ねて歓迎の意を表しますとともに，本日よりわが社をすばらしい会社にするために共に手を携えて働こうではありませんか。

> I would like to welcome you once again, and from today, urge you to work together to build an even better company.

＊―urge＋人＋to＋動詞は「人に～するよう勧める」という意味です。上の文例はurgeのまえにI would like toが省略されており，直訳すると，「手を携えて働くよう，みなさんにお勧めしたい」となります。

夢を達成しましょう
共に楽しく働きましょう。そして，目標と夢を達成しましょう。

> Let us enjoy working together to reach our goals and vision.

3―新任者・研修生の歓迎会　　　CD19

新しい職員や研修生が優れた仕事をし，組織の一員として成長していくためにも，スタート時の数か月を大切にしてあげなければなりません。資質の高い人材に活躍してもらえるよう，歓迎会で彼らのよさをじゅうぶんに表現し，他メンバーにスムーズに溶け込めるようにしてあげましょう。

　　　　　　　＊　　　　　＊　　　　　＊

新しいボスの～さんをご紹介します
みなさん，私たちの新しいボスである山本明子さんをご紹介いたします。

> Ladies and gentlemen, I am happy to introduce our new boss, Ms. Akiko Yamamoto.

～に向けて派遣されたみなさんを歓迎します
新プロジェクトに向けて各国の支社から派遣されていらしたみなさん，心から歓迎いたします。

> To all of you who have been sent here from various nations for the new project, I extend a warm welcome.

～さんが～さんの後任です

ブラウンさんが近藤部長の後任です。

> Mr. Brown will replace Ms. Kondo, the section chief.

～さんは～のポストに就きます

中田さんは，三好さんが日本に帰国なさって空席になっていた工場長のポストに就かれます。

> Ms. Nakata is filling the position of plant manager due to Mr. Miyoshi's return to Japan.
>
> *──due to ～は「～のために」という意味で，due to bad weather（悪天候のために）のように使います。

～さんの仕事を引き継ぎます

コナーズさんがホワイトさんの仕事を引き継ぎます。

> Mr. Connors will assume Ms. White's duties.

～さんが～に赴任されるのは有益です

海外経験が豊富でスペイン語もたんのうな中村さんがブエノスアイレス支店に赴任されますことは，地域に根づいた企業という意味からもたいへん有益なことであると確信しております。

> With his wide range of overseas experience and fluency in Spanish, Mr. Nakamura is to be assigned to the Buenos Aires office. I'm sure that his appointment there will ensure a firm base for operations in the area.
>
> *──a firm base は「確固たる基礎」という意味で，firm は「確固たる，しっかりした」という形容詞です。名詞も同形で「会社」を意味し，a law firm は「法律事務所」です。

私が～として赴任した～です

すでにお聞きおよびのかたもおられると思いますが，私が，このたびこちらの支社に開発計画部の主任研究員として赴任してまいりました高見芳子です。

> As some of you probably know, my name is Yoshiko Takami: I

第1章 歓迎会／昇進祝い／送別会　101

have been assigned to the development and planning section of this branch as chief researcher.

〜なので〜に参加しました

来春から新規プロジェクトでリーダーを務めることになりましたので，このマネジメント・セミナーに参加しました。

> I will be working as the leader of the new project team from next spring, which is why I'm participating in this seminar.

英語には自信がありません

私は生まれも育ちも日本ですので，英語の会話はあまり自信がありません。どうぞよろしくお願いいたします。

> Since I was born and raised in Japan, I am not very confident in my ability to converse in English; please bear with me.
>
> ＊― I was born and raised in Japan. は「生まれも育ちも日本です」の意味です。
> I was born and brought up in Japan. とも言います。

〜の関係で家族は日本に残ります

残念ながら，妻と4人の子どもたちは子どもたちの教育の関係で日本に残ることになりましたが，夏休みには遊びにくることになっています。

> Unfortunately my wife and four children have to stay in Japan because of the children's education, but they will come visit me during their summer vacation.

〜は○回目の訪問です

今回でカナダ訪問は5回目になります。毎回，とても楽しく有意義な体験をすることができました。今回もきっと同様に楽しいものになることを確信しております。

> This is my fifth trip to Canada. Each occasion has been an enjoyable and meaningful experience for me, as I'm certain this visit will be, too.

○年間ご一緒するのが楽しみです

向こう半年間，みなさまとご一緒に勉強できるのを楽しみにしておりま

す。
> I am really looking forward to working with you for the next six months.

文化を分かち合えたら幸いです
みなさまと一緒に仕事をするなかで、お互いの文化を少しでも分かち合えたら幸いです。
> I'd be very pleased if, as we work together, we shall be able to share each other's culture.

4—昇進祝い　CD20

昇進は個人の力によるものも大きいですが、それまで周囲で支えてくれた他メンバーや上司の力も忘れてはなりません。昇進の喜びの気持ちとともに、周囲への感謝の気持ちを述べましょう。祝いの言葉を述べる際は、個人の成長のみならず組織としての発展も祈りましょう。

　　　　　　　＊　　　　　＊　　　　　＊

〜に昇進なさってうれしく思います
ジョンソン氏がシカゴ支店長に昇進なさったとのこと、本当にうれしく思います。
> I am very happy that Mr. Johnson has been promoted to the position of General Manager of our Chicago branch.

〜への昇進おめでとうございます
バーンズさん、販売部長への昇進おめでとうございます。
> Congratulations, Ms. Barnes, on your promotion as director of the Sales Department.

＊—「〜おめでとうございます」はCongratulations on 〜と、congratulationにsをつけますので注意してください。

ケイト、人事部長への昇進おめでとう。
> I want to say congratulations to you, Kate, on your promotion as general manager of the Personnel Department.

〜さんのご指揮のもと，〜するでしょう

あなたのご指揮のもと，開発部はきっとより柔軟で独創的な研究成果を出していくことでしょう。

> Under your leadership, I am sure that the Development Department will achieve great new results through flexibility and originality.
>
> ＊―「〜のもと」は under 〜で表わしますので，「あなたのご指揮のもと」は under your leadership となります。このほか，under the situation（このような状況のもと）のように使います。

昇進祝いにご出席ありがとうございます

本日は私の昇進祝いにお出でいただき，また優しい言葉をたくさんちょうだいし，ありがとうございました。

> Thank you for all the kind words, and for kindly coming to celebrate my promotion.

昇進を実現させてくださったかたにお礼を申しあげます

この昇進を可能にしてくださったすべてのみなさまにお礼を申しあげたいと思います。

> I would like to thank all of you who made this promotion possible for me.

昇進できたのはみなさんのおかげです

私が昇進できましたのはみなさまのおかげです。

> I owe this promotion to all of you.

大任に身が引き締まる思いです

前任者である田中進さんが成し遂げられたことを考えますと，私はたいへんな役目を引き継ぐことになったのだと，改めて身が引き締まる思いがしています。

> Whenever I think of all that my predecessor, Mr. Susumu Tanaka accomplished, I realize the importance of the role I am assuming, and find it quite a daunting one.

＊―a daunting one の one は role をさす代名詞で，「威圧されるような役目」という意味です。

キャリアのうえで大きな前進です

　このたびの異動は私のキャリアのうえで大きな前進となりますが，資材部ですばらしい仲間と働いた6年間のことはけっして忘れません。

> While this transfer will be a big advance in my career, I will never forget the fantastic people I've worked with in the Construction Materials Department during the past six years.

みなさんの協力と支援があれば，〜できます

　みなさまのご協力とご支援とがあれば，この大任を私なりに果たすことができるのではないかと思っております。

> With your cooperation and support, I feel that I can fulfill the great responsibilities before me.

5―転勤者・退任者の送別会　　　　　　　　　　　CD21

　転勤をまえにした人は，住居移転や新しい職場への不安による精神的な負担を抱えているものです。送る側は，そのような状況に対する思いやりの気持ちをもって話しましょう。退任者に対しては，それまでの業績が組織にとって価値のあるものであったことを感謝の心をもって伝えましょう。

　　　　　　＊　　　　　＊　　　　　＊

〜さんがいなくなることは大きな損失です

　彼女がマニラ支社から姿を消すのは計り知れないほど大きな損失ですが，東京の本社にとってはきっと大きな利益になることでしょう。

> Indeed, her absence from the Manila Branch is an immeasurable loss, but for the main office in Tokyo, it will be a great gain.

〜さんが離日なさるのは悲しいことです

　今月いっぱいでスミス氏が日本を離れるとは何とも悲しいことです。

> I am very sad that Mr. Smith will be away from Japan after this

month.

寂しくなります

ケリーさん，あなたがいなくなると，寂しくなります。

> Ms. Kelly, we're going to miss you very much.

＊―動詞 miss には，We will miss you terribly if you leave Japan.（あなたが日本を離れると，私たちはとてもさびしくなります）のように，「～がいないのをさびしく思う」という意味があります。また，I missed the train.（電車に乗りそこなった）のように，「乗りものに乗りそこなう」という意味もあります。

あなたは～を与えてくださいました

一緒に仕事をしてくれてありがとう。あなたは私たちに勇気と自信を与えてくださいました。

> Thank you for working with us. You have been a source of courage and confidence.

～さんは私たちの誇りです

ハワードさんがこの研究所にいた3年間，彼女の卓越した能力と想像力，そして明るい笑顔は私たちの誇りでした。

> Ms. Howard has been with us for the past three years; her fine competence and imaginative qualities, as well as her bright smile, have always been a source of pride for us.

＊― imagine「想像する」の形容詞には，imaginative「想像力豊かな」と，imaginary「想像上の」がありますから注意してください。

～に移っても，～であると確信します

言うまでもなく，あなたはつねにすばらしい上司であり仲間でした。サンフランシスコ支社に移られても，さらにすばらしい上司であられると確信いたします。

> Needless to say, you have always been a great boss and colleague, and I am sure you will make an even greater boss in the San Francisco Office.

幸福をお祈りします
あなたのこれからの幸福をお祈りいたします。
> We all wish you the very best of luck in your future.

お世話になったみなさんにお礼を言いたかったので，〜しました
研修中にお世話になったみなさんに，ぜひひとことお礼を申しあげたかったので，このパーティーを開くことにしました。
> I have invited you to this party because I wanted to thank all of you for being so kind to me while I was here at the seminar.

お世話になりました
短いあいだでしたが，みなさん，本当にお世話になりました。このたび，人事異動で本社勤務に転属になり，この地を去ることになりました。
> Though it has been only for a short time, everyone here has been especially kind to me. I leave now to take up duties in the main office because of a personnel reshuffle.

振り返ってみると，〜と感じられます
振り返ってみますと，初めてのこの土地で暮らし，みなさんと共に学んだ4年間はたいへん短く感じられます。
> Looking back, it seems like a very short four years since first coming here and studying with you.
>
> ＊ーseem like 〜のあとには，句あるいは節がきます。たとえば，That seems like a good idea.（それはよい考えのようだ），It seems like that he has no idea about it.（彼はそれについてわかっていないようだ）などとなります。

最初の数か月は〜するのに一所懸命でした
最初の数か月は，仕事もさることながら，新しい環境や習慣，言葉などに順応するのに一所懸命でした。
> During the first several months with work, we've made a serious effort to adapt to the new environment and new life style as well as the language.

みなさんが～してくださったことを感謝しています

在任中はどんな困難な事態にもみなさんが前向きな姿勢を失わず，一致団結して協力してくださいましたことを深く感謝しています。

> During my assignment here, no matter what difficulties arose, you never lost your forward-looking approach and you showed a sense of unity and co-operation, for which I am deeply grateful.
>
> ＊―no matter what difficulties arose は「どんな困難な事態が起こっても」の意味です。no matter は where, who, when などの疑問詞と共に用います。たとえば，no matter where you may go. で「どこへ行こうとも」の意味になります。

6―転職者・退職者の送別会　　　　　CD22

　送り出す側のスピーチでは，職場の歴史において彼らの存在がどれほど大きなものであったかを伝え，今後の生活での幸福を祈りましょう。また，送られる側のスピーチでは，それまで支えてくれた周囲への感謝の気持ちを述べるようにしましょう。

　　　　　　　＊　　　　　　＊　　　　　　＊

～さんは転職して～に就任します

みなさんすでに社内告示をご覧になってご存知かと思いますが，長年，営業部長として活躍してこられたマーク・スミスさんが，わが社の子会社であるCBA社のシニア・バイス・プレジデント（上級副社長）に就任することになりました。

> As you are all aware through our in-house announcement, Mr. Mark Smith, who for many years served as Administrative chief will take on the new position as senior vice president of CBA. Inc., one of our subsidiaries.
>
> ＊―「～に就任する」は take on the position as ～です。

ご健闘をお祈りいたします

このたび，当社を退職なさり，大学で航空力学の研究に当たられるとのこと，まことにおめでとうございます。ご健闘をお祈りいたします。

> On this occasion of your leaving the organization, I congratulate you on your taking up research in aerodynamics at a university. I wish you the best of luck.
>
> *―「～でありますように」と祈願を表わすときは，このほかに「May ＋ 主語 ＋ 動詞」という表現もあります。たとえば，May you enjoy the best of health（ご健康をお祈りいたします）というように使います。

新しい仕事で～なさるようお祈りいたします

介護士という新しいお仕事で，あなたが望みどおり大いなる喜びを手にされるよう心よりお祈りいたします。

> In your new position as caregiver my sincere wish is that you will realize the great happiness you have been looking forward to.

うまくいきますように

新しいお仕事がうまくいくように祈っております。

> We wish you the very best in your new assignment.

お辞めになるのは残念です

長年，勤められたホワイトさんがお辞めになるのは残念です。

> We all regret to see Ms. White leave us after her many years of service.

別れを告げるのは悲しいことです

グレアさんに別れを告げなければならないとは何とも悲しいことです。

> I cannot but feel sad to bid farewell to Mr. Greer.
>
> *― cannot but ＋ 動詞または cannot help but ＋ 動詞は，「～せざるをえない」という意味です。

記念品を贈ります

研究所のスタッフ一同から，あなたのこれまでの熱心な仕事への取り組み

に感謝の意を表してささやかながら記念品を贈ります。

> I wish to present this little memento to you as a small token of our appreciation on behalf of the entire staff of the research division for your dedicated service to our firm.

健康にご留意ください

今後は奥さまとご一緒に故郷に戻られて晴耕雨読の生活を楽しまれるご予定とうかがいました。どうぞ健康にご留意なさって、いつまでもお元気で。

> As you will now be returning with your wife to your hometown to enjoy a life of comfortable retirement, take care. We wish you the best of health.

送別会を開いていただき，感謝します

私のためにかくも盛大な送別会を開いていただき，ご好意に感謝いたします。おかげさまで，みなさま一人ひとりにお別れを言う機会を得ました。

> It is really considerate of you to have such a fine send-off for me so that I can say "goodbye" to each of you.
>
> ＊━ it is really considerate of you to 動詞で「～してくれる好意に感謝する」の意味になります。considerate は「思いやりがある」の意味で，thoughtful とも言います。

長いあいだお世話になりました

長いあいだお世話になりました。みなさまがお寄せくださいましたご厚情に深く感謝いたします。

> I wish to thank you for your consideration over the years, and to say how very much I appreciate your kindness you have shown me.

私は幸せです

在職中は多くの才能あるかたがたと交わりをもつことができ，私はたいへんな幸せ者です。

> I'm extremely fortunate to have been associated during my

work here with such a large group of talented people.

友情に感謝します

私の職業人としての成長を助けていただいたことに感謝いたします。そして，みなさまの変わらぬ友情に感謝したいと思います。

Thank you for all you have contributed to my professional growth. And thank you for your unwavering friendship.

今後は異なる分野で自分を試してみます

今後は出版業という，これまでとはまったく異なる分野で自分の力を試してみるつもりです。この会社で教わった信頼・誠意・公正を信条にがんばります。

Since this work in the publishing world is entirely different from the fields familiar to me till now, I must make a special effort. The ideals learned in the company, such as trust, sincerity, and fairness are those that must continue to be practiced.

＊— are those that must continue to be practiced の those は ideals をさします。that は関係代名詞の主格，practice は「実行する，行なう」の意味で，直訳すると，「これからも実行していかなければならない信条」となります。

◆サンプル・スピーチ ⑦

Welcome Party
——speech of encouragement by a vice president
to newly-hired employees, promoted employees and interns——

Ladies and Gentlemen,

① Welcome to BBB Motor Company! I am Daisuke Hirota, the senior vice president of the Human Resources department.
② I am very excited to see each of your fresh, smiling face. I am sure all of you are feeling the same excitement after starting your first week.
③ Are you enjoying becoming part of[*1] our big BBB team? If you are, please raise your glass of beer or drinks!

④ Excellent! I see all glasses up, but before I say, "Bottoms Up,"[*2] I would like to extend our sincere welcome on behalf of Mr. Dennis Collins, our president, who is currently away on urgent business[*3] in Europe.
⑤ As new graduates from[*4] various universities in all different fields, not only scientific or in engineering, I think our pool of human talents this year has been enormously gratifying.
⑥ Welcome also to our new managers who have come from afar to start working at the Head Office.
⑦ And finally our 30 interns here from around the globe, welcome and congratulations! We have had quite a rigorous screening process this year, since you were selected out of over 300 applicants! (Applause)

⑧ With your enthusiasm and diligence,[*5] we are sure to have a fine team this year in every department to achieve our goal of launching[*6] the first ever alternative energy car that is environmentally friendly and safe to the young and old.
⑨ This is also our benchmark year, having for the first time an all women team to create THE racing car to compete in Formula 1! Finally this is the

歓迎会
────副社長による新入社員・昇進社員・インターンへの激励────

みなさん，こんにちは。

① BBB自動車へようこそ！　私は人事部シニア・バイス・プレジデントの広田大輔と申します。
② きょうはみなさんの初々しい笑顔にお会いすることができてたいへんうれしく，そして興奮しています。みなさんも勤務の最初の1週間が始まれば，きっと私と同じような気持ちになるのではないでしょうか。
③ みなさん，BBBという大企業のチームの一員になってうれしいですか？　そう思うかたは，ビールかジュースがはいったグラスを上にあげてください！

④ すばらしい！　いま，全員のグラスがあがっているのが見えます。でも，「乾杯！」と声をかけるまえに，現在，急用でヨーロッパに出張中の社長，デニス・コリンズに代わって歓迎の挨拶をさせていただきたいと思います。
⑤ まず，今年はさまざまな大学から，科学や工学だけでなくあらゆる学問分野出身の新卒学生を迎え，わが社はきわめて多彩な人材の宝庫になったと言えます。
⑥ また，本社での仕事の開始に合わせて遠方からお越しくださった新しいマネージャーのみなさん，心から歓迎いたします。
⑦ そして最後に，きょうここに世界各地から集まった30人のインターンのみなさん，ようこそ，そしておめでとう！　今年のインターンの選考は相当きびしいものになりました。みなさんは300人以上の応募者のなかから選ばれたのです！　（拍手）

⑧ 今年，わが社はみなさんの熱意や努力を得て，史上初の代替エネルギーを利用した車の製造という目標の実現に向け，各部署内に選り抜きのチームを組織することになっています。代替エネルギーを利用した車は環境にやさしく，若者や年配のかたにも安全に乗っていただけるものです。
⑨ また，今年はわが社にとっての基準年で，なんと，フォーミュラワン参戦のた

year that we have set goals to achieve 50,000 units, 30% growth from previous year.

⑩ Let me end by having all of you say after me:
　　1. Be grand in vision. (Be grand in vision.)
　　2. Be true in spirit. (Be true in spirit.)
　　3. Be caring and passionate with each other. (Be caring and passionate with each other.)

⑪ BBB stands for*7 the 3 Bs you have just said after me.
⑫ Let us enjoy working together to reach our goals and vision. Bottoms Up!!

＊1 ─ enjoy becoming part of ～「～の一員になることを楽しむ」のように，enjoy のあとには動名詞がきます。不定詞は用いませんので注意してください。
＊2 ─「乾杯！」は Bottoms up! または Cheers! と言います。「乾杯の音頭をとる」なら propose a toast と言います。
＊3 ─ on urgent business は「急用で」という意味です。
＊4 ─ graduate from ～には「～を卒業する」という動詞のほか，文例のように a

めのレーシング・カーを開発する女性だけのチームがはじめて組織されます。最後に，わが社の今年の売上目標は50,000台，すなわち前年比30％増です。

⑩ では，話のしめくくりに，みなさん，私のあとについてくり返してください。
 1．Be grand in vision.（Be grand in vision.）
 2．Be true in spirit.（Be true in spirit.）
 3．Be caring and passionate with each other.（Be caring and passionate with each other.）

⑪ 社名のBBBとは，いま，みなさんが私のあとについて言ってくださった三つのBを表わしているのです。
⑫ 共に楽しく働きましょう。そして，目標と夢を達成しましょう。乾杯！！

graduate from ～「～の卒業生」という名詞形もあります。
＊5 ― enthusiasm は「熱意」，diligence は「勤勉，努力」の意味で，形容詞はそれぞれ enthusiastic，diligent となります。
＊6 ― launch は「製造する」という意味で，produce と同義です。
＊7 ― stand for ～は「～を意味する，～を表わす」の意味で，represent と同義です。

◆サンプル・スピーチ ⑧

Farewell Party
——parting words by a boss to his subordinate changing his job——

Thank you for the kind introduction, Mr. Spencer.

① As you are all aware through our in-house announcement, Ms. Merle Ryan, with whom I have had the pleasure of working as partners for the last 5 years, will take on a new position as senior vice president at one of our clients' Public Relations firm. For her this is an exciting challenge in a totally new industry, and on behalf of everyone here today I would like to wish her great success in the new direction she is taking.

② Merle's contribution at our consulting firm has been impeccable and solid, bringing to us her expertise in the consumer goods industry focused in the area of marketing. She has been the dynamic driver in the gain of substantial new clients for us in this field. Without her tireless efforts, we would not have had the top 50 Fortune companies added to our Client List.

③ Merle, we hope you will continue to stay in touch with us and collaborate with us on future projects where joint work can be established. As a small token of our appreciation, I wish to present this little memento to you on behalf of the top management, some who have not been able to attend due to business trips, and our team staff for your dedicated service to our firm.

④ Again all of us here today would like to wish you the very best in your new employment.
Good luck and much success to you and your family! I know your infectious laughter will be your trademark there also.

送別会
——上司による転職する部下へのはなむけの言葉——

スペンサーさん，ご紹介ありがとうございます。

① みなさんもすでに社内告示をご覧になってご存知かと思いますが，この5年間，私のよきパートナーとして共に仕事をしてきたマール・ライアンさんが，わが社のクライアントの一つが所有する広告会社にてシニア・バイス・プレジデント（上級副社長）に就任することになりました。今回はまったく異なる業界への転任ということで，彼女にとって非常に刺激的でやりがいのある任務であると思います。このたびは，本日ここにいるみなさんを代表して彼女の新天地での活躍をお祈りし，ひとことご挨拶を申しあげます。

② マールはわがコンサルティング会社にて，非の打ちどころのない，すばらしい貢献をしてくれました。彼女の消費財産業に関する専門知識，とくにマーケティング分野の知識は非常に優れたものでした。この業界でわが社が大幅に新規顧客を獲得することができたのも，彼女の機動力があってこそのことです。また，彼女の精力的な取り組みがなければ，わが社がフォーチュン誌リストの上位50社を顧客として迎えることはできなかったでしょう。

③ マール，今後も互いに連絡を取り合って，将来，共同事業を立ち上げることがあれば，連携してプロジェクトに取り組みましょう。社の経営陣と，出張のためにこの会に参加できなかった面々，そしてわれわれのチームの仲間から，きみのこれまでの熱心な仕事への取り組みに感謝の意を表してささやかながら記念品を贈ります。

④ くり返しになりますが，ここにいる私たち全員，きみが新任の地でその才能を十二分に発揮できるよう心から願っています。そして，君と君のご家族の幸運と成功を祈っています。きみの朗らかな笑い声は，きっと新しい職場でもきみのトレードマークとなってまわりの人を笑顔にさせることでしょう。

第2部　セレモニーでのスピーチ

第2章
オフィシャル・セレモニー

——意欲的な決意と所信——　　　**CD23**

「英語にはフォーマルもインフォーマルもないのではないか？」と考えるのは大きな誤解です。オフィシャル・セレモニーでのスピーチでは砕けた表現を避け，公的な場を意識したフォーマルな表現をするものです。また，動詞のまえに sincerely や truly といった副詞を加えることで，通常よりややオーバーに表現するのもセレモニー・スピーチの特徴です。

1—新年会／仕事始め

ふだんは全社員が一同に集まる機会の少ない会社でも，新年会や仕事始めの会にはみんなの元気な顔がそろうものです。企業のビジョンや今後の抱負を述べるたいへんよい機会です。方向性を明確にするだけで，組織に団結力が生まれ，個々人にも組織の一員としての責任感が生まれます。

　　　　　＊　　　　　＊　　　　　＊

あけましておめでとうございます――――――――――

新年あけましておめでとうございます。みなさん一人ひとりにとってよい年であることをお祈りいたします。

> Happy New Year, everybody! I wish every one of you a very happy new year.

みなさんと新年を迎えられてうれしく思います――――――――――

こうしてみなさまとともに新年を迎えられることをたいへんうれしく思います。

> I am very happy to see all of you here to celebrate the arrival of

a new year.

伝統的な正月料理をご賞味ください

おせち料理やお雑煮のような伝統的な正月料理もどうぞご賞味ください。

> Please enjoy the traditional New Year's dishes such as o-sechi-ryori and o-zoni.

力を合わせて乗り切りましょう

今年も昨年同様，きびしい経済情勢が続くものと思われますが，力を合わせて乗りきってまいりましょう。

> This year, just as last year, severe economic conditions are likely to persist; let's do all that we can to see our way through these difficult times.

〜してはじめての新春です

A＆Zコーポレーションが合併後はじめて迎える新春です。社員のみなさまのおかげで新会社は順調な滑り出しを見せています。今年もこの勢いでさらに進みましょう。

> This marks the first New Year since the merger for A & Z Corporation. Thanks to everyone on our staff, we have managed to make a success of the new organization. Let's continue to pull together in the coming year.
>
> ＊— pull together は「互いに協力する」という意味です。

重要な1年になるでしょう

今年はわが社にとって非常に重要な1年となるでしょう．ご存知のように，第3期5か年計画の最終年にあたるからです。

> This is an especially important year for our firm. As all of you are aware, it marks the final year of our third five-year plan.

2 — 会社の設立／創立記念日　　　CD24

周囲の支援なくして，企業の成功を手にすることはできません。会社設立の挨拶では，今後どのような決意のもとに社業の充実を図るかを明確にして

おきましょう。また，創立記念の挨拶では，それまでの成功の陰にある周囲の尽力に対する感謝の気持ちを述べましょう。

＊　　　　　＊　　　　　＊

創立〇周年にお出でいただき感謝します

わが社の創立50周年記念祝賀行事にお越しいただきましたことに心からの感謝の意を表したいと存じます。

> On the occasion of celebrating the 50th anniversary of our company, I would like to express my sincerest gratitude to all of you for joining us.

事業を開始します

北川システム工業がついにアメリカ進出を果たしました。「キタガワ・アメリカ」として，ここシアトルで事業を始めるのです。

> Kitagawa System Industries venture into the US. We start a business here in Seattle as "Kitagawa-America".
>
> ＊―［補足］of＋抽象名詞で形容詞をつくります。of importance は important, of no use は useless の意味です。

操業を開始します

われわれの新しい会社PLウエーブは本日，操業を開始いたします。

> Our new company, PL Web, goes into operation today.

～を乗り越えて設立しました

われわれが言葉やビジネスの慣習の違いを乗り越えてアゴラ株式会社の設立に至ったのは，まさに奇跡であると言えるでしょう。

> We have overcome the difficulties of different languages and business practices. I truly believe a miracle has taken place with the establishment of Agora Company, Ltd.
>
> ＊―take place は「起こる」という意味です。

地元経済の活性化に貢献します

従業員は約200人で，そのほとんどが現地採用です。将来は，さらに従業員数が増えることが予想されますので，地元経済の活性化にも貢献できる

ものと思います。
> Of the 200 employees almost all of them are locally hired. We anticipate further recruitment of workers in the future, which will make a positive contribution to the economic well-being of the area.

地域の発展に尽くします
私どもは地元密着型の企業をめざし，地域の発展に尽力する所存です。
> Our objective is to conduct business in harmony with the local area; we intend to make every effort to contribute to the development of the region.

〜は〜となることをお約束します
ABコミュニケーションズは電気通信業界における携帯電話サービスの革新者となることを，みなさまのまえでお約束します。
> AB Communications promises to be an innovator in cellular phone service.

ご支援をお願いします
この新しい会社が大いなる成功をおさめますように，みなさまの絶大なるご支援とご尽力を心からお願いしたいと存じます。
> I sincerely seek your support and request your greatest efforts in making this new company a very successful one.

〜はみなさまのおかげです
当社の現在の繁栄は，何より社員のみなさまの熱意と不断の努力に負うものです。
> Our company truly owes its present prosperity above all to your passion and continued efforts.

> *―owe A to B は，「A は B のおかげ」という意味です。

過去○年のあいだに何度もピンチを切り抜けてきました
過去40年のあいだには何度も絶体絶命のピンチに陥ったことがあります。しかし，社員一同の奮闘とみなさんのご協力とでなんとか切り抜け，現在

では国内に30か所，海外に5か所の支店をもつまでになりました。

> Over the past 40 years, we have repeatedly faced difficulties, but through your concerted efforts and co-operation we have managed to overcome them; today we have 30 locations nationwide and five overseas operations.

3—新社屋の完成／新支店・新店舗の開店　　　CD25

新店舗の開始の挨拶では，地域における理解を得ようとする意志と，それまで支援してくれた顧客や関係企業の変わらぬ愛顧を願う気持ちを述べましょう。また，新社屋の完成の挨拶では，それまで不便な思いをさせたことへのお詫びの気持ちも忘れずに述べましょう。

　　　　　　＊　　　　　＊　　　　　＊

新支店のお祝いにご出席いただきありがとうございます

みなさま，本日はこの品川に新しくできた支店のお祝いにご出席いただき，まことにありがとうございます。

> Ladies and gentlemen, today I would like to thank you for coming to celebrate the opening of this new branch here in Shinagawa.

新社屋が完成しました

長年の懸案でありました新社屋がついに完成し，本日，ご支援いただいたみなさまをお迎えして祝賀の会を催しますことはこのうえない喜びです。

> Today, at long last, with the completion of the new site, which has posed numerouse challenges to us, I welcome all of you who have shown such kind support to our opening ceremony. It is indeed an especially happy moment.

新店舗が竣工しました

ご承知のように，かねてから当地に建設中の新店舗がこのたび竣工し，きたる5月15日から営業開始することになりました。地元のみなさまにご迷惑をおかけしなかったことを望む次第です。

As you know, this marks the completion of this new store which has been under construction at this site; operations are scheduled to begin on the 15th of this coming May. I hope that none of this has inconvenienced you here in the neighborhood.

～の将来は～店にかかっています

わが社の将来は，このシカゴ支店でどれだけ成果をあげることができるかにかかっていると思います。

I believe that the future of our firm will depend upon the success of our Chicago branch.

この地を選んだのは～だからです

第1号店にこの地を選んだのは，ここが戦略的な立地に優れているからです。伝統と格式のある街でありながら，国際空港と国内有数の港に近く，また車で30分以内のところに二つの高級住宅街があります。

We have chosen this site as our first outlet because of its particularly strategic location. As an area with tradition and prestige, it is close to an international airport and one of the best harbors in the country; it is also within a 30-minute drive from two exclusive residential areas.

みなさんのご支援とご理解が必要です

当支店を成功させるには，従業員一同の努力はもちろんですが，地元のみなさまのご支援とご理解が必要です。

In order to make this branch a success, each and every one of the staff must, of course, put forth effort; moreover, the local residents' support and understanding are essential.

＊― put forth ～は「～を発揮する／出す」という意味です。

4―目標達成の祝賀会

目標達成はたいへん充実感のあるものです。この気持ちを祝賀会の参加者と分かち合いましょう。当初の目標値をどれだけ上回ったのかを正確に伝え

ることは，プロジェクトに参画した人たちの今後のやる気にもつながります。

＊　　　　＊　　　　＊

～の目標が達成されました

きょう，ここに上半期の販売目標が達成されたことをお知らせできるのはたいへん喜びであります。

> Today, I'm overjoyed to announce that the first semi-annual sales goal has been achieved.

プロジェクトを完了しました

私たちは先週ついに，「B-4 プロジェクト」を完了いたしました。最高のできだと言っていいでしょう。

> Last week we finally completed the "B-4 project." In my estimation we couldn't have done it better.

目標を○パーセント上回りました

新支店の販売成績は目標を70パーセント上回りました。

> Our newly established branch's sales results exceeded our goal by 70 percent.

～の内容を説明します

ここで少し時間をいただいて，このプロジェクトの内容と今後への影響を簡単にご説明したいと思います。

> I would like to take a minute to explain in simple terms the features of this project and what impact it may have hereafter.

＊―term には「言葉」「期間」といった意味がありますが，ここでは「言葉」の意味です。「専門用語」は technical terms となります。

～に「ありがとう」と申しあげます

はじめに，このプロジェクトを完成するに当たり寝食を忘れてこの研究に打ち込んでくれたチーム・メイト全員に「ありがとう」と申しあげます。

> Let me begin by saying "Thank you" to all of my team mates in the research group who have worked so untiringly.

～に感謝します

最初に，われらがボスである井上多津子さんに感謝したいと思います。彼女はチームのリーダーとして綿密な販売戦略を立て，その実行を計画し，さらに休日返上でそれを調整してくれました。

> First of all, I want to express my appreciation to our boss, Tazuko Inoue. As team leader, she formulated careful sales strategies, planned their implementation, and spent her holidays seeing to their co-ordination.
>
> ＊― express one's appreciation は「感謝を表わす，感謝する」という意味です。planned their implementation と seeing to their co-ordination の their は，sales strategies の所有代名詞です。また，see to ～は，「～を取り計らう，～の世話をする」の意味です。

～がなければ，完成できなかったでしょう

みなさまがたのすばらしい献身的な働きがなければ，このプロジェクトをこんなに早く，しかも完璧な精度で完成させることはとうていできなかったでしょう。

> This project could never have been completed so soon, or so precisely without your outstanding dedication.
>
> ＊― could never have ＋過去分詞＋without ～は，「～がなければ，けっして～できなかっただろう」という意味です。仮定法で表わします。

～が成功の鍵です

舞台裏でこの計画を支えてくださったすべての人に感謝したいと思います。全員のかたをきょうお招きできなかったのは残念ですが，あなたがたの支援が私たちの成功の鍵でした。

> Let me thank each of you who contributed to the plan in your work "behind the scenes." It is indeed unfortunate that we were unable to extend an invitation to everyone today, but your support was the key to our success.

よくやってくれました

ほんとうによくやってくれました。
| You really did a good job.

5—会社訪問

外資系の企業では本社の人間が日本支社を訪問することがよくあります。このような場合の滞在期間は，短いもので数日，長いものでも数週間といったところです。短時間で業務内容を理解してもらうためにも，前もって企業文化や業務の特徴などをまとめたうえでスピーチに臨みましょう。

*　　　　　*　　　　　*

～を訪問中の～さんをご紹介します

わが社の研究所を5日間の予定で訪問するアリス・グレーさんをご紹介します。
| It is my pleasure to introduce Ms. Alice Gray, who plans to visit
| our research division for five days.

～さんをお迎えできて喜んでいます

HT社と当社間の技術者交換プロジェクトの一環としてスミスさんはじめ5名のかたをはるばるカナダからお迎えできて，スタッフ一同，たいへん喜んでおります。
| As part of the technical exchange project between HT, Inc. and
| our firm, we are very happy to welcome Mr. Smith and the staff
| of five all the way from Canada.

～を見学していただきます

パクさんには，今日は本社と工場をひととおり見学していただきます。
| Ms. Paku will be making an inspection tour of our main office
| and plant today.

～するよう命じられてまいりました

社長の河村から，御社を訪問し，近い将来，当地にわが社の製品を販売する直営店を開く可能性についてみなさまのご意見を伺ってくるように命じ

られてまいりました。

> I am here today at the request of our president, Mr. Kawamura, who has asked me to visit your firm, with the possibility of opening a direct-sales outlet for our products here. I'd like to ask everyone's opinion on this matter.

訪問の目的は〜です

私がここにまいりました目的は、わが社で開発中の新製品に適応する部品を御社で製造できるかどうかをご相談することです。

> I am here to discuss the possibility of having your firm manufacture parts for new products which are being developed by us.

ゼロ・ディフェクトの秘訣を教えてください

5日間の工場訪問中に、職場の雰囲気を少しも損なうことなくゼロ・ディフェクトを達成なさった秘訣をぜひ教えていただきたいと思います。

> While I'm here at your plant for the next five days, I would greatly appreciate it if you could let me learn how you have achieved zero defects without impairing the work atmosphere.

一緒に仕事ができるのを楽しみにしています

みなさまと親しくお知り合いになれることを願っております。また、短い訪問期間ですが、ご一緒に仕事ができることを楽しみにしております。

> I hope that I will get to know all of you well, and I'm looking forward to working with you during my brief stay here.
>
> ＊―「〜と知り合いになる」は get to know 〜。このほか、get acquainted with 〜 という表現もあります。

直接お会いすれば、〜だと思いました

メールや電話ではお話ししていますが、これまでみなさまにお目にかかったことはありませんでした。こうして直接お会いし、お互いに知り合えば、取り引きもさらに円滑に運ぶのではないかと考えた次第です。

> Though we have been in contact through e-mail and telephone, I

have never met you in person, which is why I am here; I thought that if we got to know each other, then our business would continue even more smoothly.

感銘を受けました

昨日はクラーク副社長が3か所の工場を案内してくださいましたが，非常に感銘を受けました。

Yesterday, your vice president, Ms. Clark, gave us a tour of three of your plants. I was really impressed.

＊―「感銘を受ける」「感動する」は be impressed（by ～）と，受動態で表わします。

6―忘年会／仕事納め　　CD28

忘年会や仕事納めの挨拶は，一年間のみんなの努力に対する慰労と，来年度への新たな誓いの言葉が含まれていれば，あとは簡潔におさめましょう。気持ちよく年末を納め，次年度に向けて新たな希望をもちましょう。

　　　　　＊　　　　　＊　　　　　＊

～なゝか，おいでいただきありがとうございます

年末のお忙しいなか，時間をさいて忘年会に出席していただいたみなさまにお礼を申しあげます。

We thank you all for taking time out at the end of the year when everyone is so busy to attend our year-end party.

1年間のお骨折りに感謝します

当シアトル支社を代表して，この1年間のみなさまのお骨折りに心から感謝し，ひとことご挨拶を申しあげます。

Representing our Seattle office, I'd like to say that we truly appreciate all of the hard work everyone has done over the past year.

よい年でした

今年はとてもよい年でした。新社屋がついに完成したうえ，R-2プロジェ

クトも成功裡に完了しました。

> This year has been a wonderful one for us. Besides completing our new office, the R-2 project proved to be a success.

よい年ではありませんでした

今年は残念ながらあまりよい年ではありませんでした。われわれの健闘むなしく，薬品部門におけるシェアを一部，他社に奪われてしまいました。

> This year has unfortunately not been a great one for us. Despite our determined efforts, we lost some of the market share in the pharmaceutical division to our competitors.
>
> ＊―「〜にもかかわらず」は前置詞 despite を使うほか，in spite of 〜，for all などの前置詞句も使えます。

最高の仕事をなさいました

この1年をとおして，みなさまはまたしても最高の仕事をなさいました。

> Once again you've done the best job throughout the past year.

ご苦労さまでした

この1年間，ご苦労さまでした。

> Thank you for all the hard work you have done over the past year.

いろいろなことがありました

この1年を振り返ってみますと，本当にいろいろなことがございました。

> Looking back over this past year, I can say it has truly been an eventful one.

よい年でありますように

あなたとご家族にとりまして，2005年が幸せと健康に恵まれた年でありますように。

> Let me wish you and your family happiness and good health in the year 2005.

◆サンプル・スピーチ ⑨

Celebration of a Newly Established Company
——greeting and introduction of the new company
by the president——

Your Excellencies*¹, Distinguished Guests, Ladies and Gentlemen

① As president and CJK of the first three-way global joint venture of China, Japan, and Korea in the telecommunications industry with the cellular phone service, I am very pleased to welcome you to our reception celebrating the establishment of our CJK Co., Ltd.
② CJK stands for the initial of each nation.
③ Today we are very much honored with the presence of His Excellencies the Ambassadors of China and Korea.
④ I would like to extend our sincere appreciation for your attendance despite*² your very tight schedule.
⑤ Later we look forward to*³ hearing a few words.

⑥ Overcoming the difficulties of different languages and business practices*⁴ among our three nations, though we have been neighbors with a shared cultural heritage, I truly believe a miracle has taken place*⁵ with the establishment of CJK Co., Ltd.
⑦ Japan serving as the catalyst, we are now the leading global company in Asia and second around the world in the telecommunications industry.

⑧ Manufacturing of the hardware of the cellphones is done with very competitive prices in China with the programming of the software from the leading Information Technology from Korea.
⑨ As for the marketing and physical distribution, Japan with the expertise*⁶ of a global trading company has taken charge to promote this value-added cellphone that can be used around the globe with very low monthly charges.

会社の設立記念祝賀会
——社長による設立の挨拶と新会社の紹介——

大使閣下ならびにご来賓，ご列席のみなさま，

① ご出席のみなさまを心から歓迎申しあげます。電気通信業界で携帯電話サービスを展開する中国，日本，そして韓国による初めての合弁企業，CJK株式会社の社長として，設立祝賀パーティーにお越しいただいたみなさまに歓迎のご挨拶を申しあげますことは，たいへん光栄に存じます。
② CJK株式会社の社名は，3国それぞれの頭文字を表わしております。
③ また本日は，中国と韓国の大使閣下にもお越しいただいております。
④ ご多忙のなか，ご出席いただきましたことに，心よりお礼申しあげます。
⑤ 大使閣下には，のちほどひとことずつご挨拶をいただくことになっております。

⑥ 中国，日本，韓国の3国は，文化的な伝統を共有している隣接国です。しかし，言葉やビジネスの慣習の違いを乗り越えてCJK株式会社の設立に至ったのは，まさに奇跡であると言えるでしょう。
⑦ 当社は日本が媒体となり，現在，電気通信業界においてアジア地域第1位，世界では第2位のグローバル企業です。

⑧ 当社では，携帯電話の機器類を中国国内においてかなりの低価格で製造し，ソフトウエアのプログラミングには韓国の優れたIT技術を使用しています。
⑨ マーケティングや物流に関しては日本が担当しており，ある世界的な商社の専門知識を駆使して，月額使用料が非常に安く，世界中で使用できるという，この付加価値の高い携帯電話の販売促進に努めています。
⑩ 「The Best」というブランド名がついた当社のCJK携帯電話を持つことの利点については，この会場の周囲で紹介されています。

⑪ 軽量で小型であり，デジタルの良い点がすべて搭載されている携帯電話が

⑩ The benefits of owning our CJK cellular phones under the brand name, "The Best," are shown around this hall.

⑪ The lightweight, small size of the cellphone with all the digital benefits is "The Best."
⑫ It can be hooked to the computer screen to conduct conference calls from wherever in the world.
⑬ Seeing each other on the screen while discussing the major business points on the phone is further enhanced, having the minutes*7 of the calls already summarized in bullet points*8 by the end of the discussion.

⑭ CJK promises to be the leader and innovator of the cellular phone service in the telecommunications business, and in 3 years our vision is to become No. 1 around the world in terms of market share and sales revenue.
⑮ I thank you again for your cooperation and support in coming tonight.
⑯ This is a historic moment for our three nations.

＊1 ― Excellency（複数形は Excellencies）は大使や知事などの高官およびその夫人に対する敬称で，Your Excellency, His／Her Excellency のように用います。
＊2 ― despite ～は「～にもかかわらず」という意味の前置詞で，in spite of とも言います。
＊3 ― look forward to ～ing は「～を楽しみにする」という意味で，to のあとには動名詞がきます。不定詞を用いないことに注意してください。
＊4 ― business practices は「ビジネスの習慣」という意味で，practice は custom と同

「The Best」です。
⑫ 「The Best」を使用すれば，世界中どこにいても，コンピュータの画面に接続して電話会議を行なうことができます。
⑬ 電話会議で重要なビジネスの内容について議論する際には，出席者が互いの顔を見られることで効率が上がります。さらには，会議終了後までに要点を個条書きにした議事録を作成しておくこともできます。

⑭ CJK は電気通信業界における携帯電話サービスの先導者および革新者となることを，みなさまのまえでお約束します。そして，3 年後には市場シェアと売上収益において世界一になることを目標としています。
⑮ あらためまして，今夜は当社の設立祝賀パーティーにお越しいただき，厚くお礼申しあげます。
⑯ 私たちはいま，中国・日本・韓国の 3 国にとっての歴史的な瞬間に立ち会っているのです。

じ意味です。
＊5 — take place は「起こる」という意味で，happen と同義です。
＊6 — expertise は expert knowledge のことで，「専門知識」という意味です。
＊7 — この文脈の minute は「議事録」という意味です。
＊8 — bullet point は「個条書きにした要点」という意味です。

◆サンプル・スピーチ ⑩

Celebration of Achieving Company Goals
―――report of the completion of the new project
by a company president―――

Ladies and Gentleman

① Today we are gathered here to celebrate a momentous occasion for our corporation, Space Capsule Hotel Inc.
② I am Hideki Kinoshita, your president and CEO.
③ No one in 2004 believed that we would be able to achieve the target of creating a capsule hotel in space.
④ We had begun our research and experimentation from the new millennium, taking hint from the capsule hotels that have become popular in Japan for those, who require just staying overnight due to intense work schedules.
⑤ However, this capsule hotel is now popular even in the daytime to take naps or to sleep off the effects of alcohol, since driving under the influence of alcohol can be very expensive when caught or very dangerous causing life-threatening accidents.

⑥ Taking this concept further, today in the year 2007, only 3 years later, we have been successful in launching space shuttles that have capsule rooms for a space adventure.
⑦ Room size is very expensive and limited on a space shuttle, so having a capsule room has been ideal for selling this special space trip.
⑧ Based on the price range, the journey out in space can be decided in terms of the length and duration and even a visit to the moon or one of the planets of our solar system can be added on, where landing is possible.
⑨ We are now ready with 3 space shuttle capsule hotels for 3 different menus of stay and type of space visit.

目標達成を祝う会
――社長による新規プロジェクト完了の報告――

みなさん，こんにちは。

① きょう，われわれがここに集まったのは，わがスペース・カプセル・ホテル株式会社におけるきわめて重大な機会を祝うためであります。
② 私は木下秀樹，この会社の社長兼最高経営責任者です。
③ さて，2004年の時点で，われわれが宇宙空間にカプセル・ホテルを造るという目標を達成できると考える人は，誰一人としていませんでした。
④ われわれは日本において広く普及しているカプセル・ホテルにヒントを得て，2000年から調査と実験を開始しました。カプセル・ホテルは，過密な業務スケジュールのために一晩だけ宿泊したいと考える人びとのあいだで利用されてきました。
⑤ しかし，現在では日中の利用も人気があり，昼寝をしたり，体内のアルコールを抜くために眠ったりといった目的で使われています。というのも，酒気帯び運転をすると，取り締まりを受けた際に高額な反則金の支払いを命じられることや，生死にかかわる事故を起こす危険性があるからです。

⑥ このカプセル・ホテルの構想をさらに発展させた結果，2007年の今日，2004年からわずか3年ののちに，わが社は宇宙への冒険の旅に向けたカプセル・ルーム付きのスペース・シャトルの打ち上げに成功しています。
⑦ スペース・シャトル内では空間が非常に高価で広さも限られるため，この特別な宇宙の旅にお客さまを呼び込むためには，カプセル・ルームはまさに理想的です。
⑧ 価格帯によって宇宙空間の旅の日数が決まり，また月，あるいはそのほかの着陸可能な太陽系の惑星を訪問先として加えることもできます。
⑨ 現在，わが社では三つのスペース・シャトルのカプセル・ホテルを用意しており，それぞれ滞在のタイプや宇宙での訪問先が異なります。

⑩ In order to brief and debrief our guests of Space Capsule Hotel, we have a simulated version to train our guests for the actual space trip, in which they experience a week of living just like in space.

⑪ They need to learn how to eat, bathe, brush their teeth, and move around in the space shuttle and how to sleep in their capsule room without any gravity by wearing a special astronaut's outfit.

⑫ Now I would like to have 3 of our staff, who have volunteered to go through this simulated training and actual test trial out in space in our state-of-art technological innovation to report on this momentous occasion of achieving our vision and dream.

⑬ Sherry, Kenji, and Bob, please join me here on the stage with a glass of champagne.

⑭ Let us celebrate by making a toast and have each one of you tell us your experience!

⑮ Let's shout out, Hip, Hip, Hurray on the count of 3! One, Two, Three … Hip, Hip, Hurray!

⑩　スペース・カプセル・ホテルをご利用いただくお客さまにその概要を伝え，また体験後の感想を聞くため，わが社ではお客さまが実際の宇宙旅行を模擬訓練できるプログラムを提供しています。

⑪　そこでは1週間，宇宙にいるのと同様の生活を体験していただきます。宇宙ではどのように食事をし，風呂にはいり，歯を磨き，どのようにシャトル内を動き回るのか，はたまた無重力のカプセル・ルームで特別な宇宙服を着て寝るにはどうすればよいのか，ということなどを体得していただかなくてはなりません。

⑫　ではここで，3人のスタッフを紹介したいと思います。彼らは自ら名乗りでて，わが社の最先端の技術革新の賜物である，この模擬訓練と宇宙空間での試験旅行を体験してきました。そして，わが社が目標を達成し夢を実現するこのきわめて重要な機会に，その任務の報告を行ないます。

⑬　シェリー，健二，そしてボブ，シャンパンのグラスを持ってステージに上がってきてください。

⑭　さあ，祝杯をあげて，きみたち一人ひとりがそれぞれ体験したことを話してもらいましょう。

⑮　それではみなさん，大きな声で！　三つ数えて乾杯します。1，2，3，乾杯！

第2部 | セレモニーでのスピーチ

第3章
パーソナル・セレモニー

――衷心からの祝意と敬意――　　　CD29

　パーソナル・セレモニーは往々にして参加者の出身国により異なります。なぜなら，各国ごとに，誕生日，クリスマス，結婚，葬式などに対する考えかたが異なるからです。スピーチをする際は，セレモニー参加者の文化的・宗教的バックグラウンドをじゅうぶん理解したうえで言葉を選択するように心がけましょう。

1――バースデー・パーティー

　欧米人は年齢を問わずバースデー・パーティーを楽しむものです。誕生日を迎える本人に内緒のサプライズド・パーティーの準備で役員秘書が真剣になっているのを目撃したことはありませんか？　この日だけは，年齢にかかわりなく大いに喜びをみんなで分かち合いましょう。

　　　　　　　＊　　　　　　＊　　　　　　＊

誕生日おめでとう

　誕生日おめでとうございます

　　| Happy birthday to you!
　　| Let me wish you a happy birthday!
　　| I wish you many happy returns of the day!
　　| I wish you a very happy birthday and many happy returns.

これからもお元気で

　おめでとう，スミスさん，これからもお元気で。

　　| Happy birthday, Mr. Smith, and many happy returns.

～を開いたのは感謝の気持ちを伝えたかったからです

このバースデー・パーティーを開いたのは，上田部長の52回目の誕生日を祝うためだけではありません。いつも部下を思いやるすばらしい上司に，この機会に私たち開発部一同の感謝の気持ちを伝えたかったからです。

> We are holding this birthday party not only to celebrate your fifty-second birthday, Mr. Ueda, but also to express our gratitude to you on this occasion from all of us in the Development Division for your unfailing consideration for us.
>
> ＊―「パーティーを開く」には，hold a party や throw a party などの表現があります。

とてもその年には見えません

今日が58回目の誕生日だとか聞きましたが，本当ですか？　とてもそうは見えません。てっきり40代の後半かと思っていました。

> Someone told me that this is your 58th birthday. Really? You certainly don't look it. I thought you were in your late forties.
>
> ＊―「～代」は in one's forties などと，かならず複数形にします。また，「40代前半」は in one's early forties，「40代後半」は in one's late forties となります。

～さんのもとで働くのはすばらしいことです

ジョーのもとで共に年を重ね，共に働くのは，ほんとうにすばらしいことです。

> It is really wonderful for all of us to grow older together and work together under Joe's guidance.

プレゼントを用意しました

管理第1課のみんなでプレゼントを用意しました。大の野球ファンである中村課長にぴったりのものを見つけました。バットとグローブの模様がはいったネクタイです。気に入っていただけるといいのですが。

> The first section of the Administration Division has a present for

第3章　パーソナル・セレモニー

> you, Sir. It is something that is right up your alley, Mr. Nakamura, since you are such a great fan of baseball: a tie with a bat and mitt design. We hope you like it.

～を贈ります
甘いものに目がないあなたに，田中さんと私からチョコレートの大箱を贈ります。

> Here's a big box of chocolates from Mr. Tanaka and me. We know that you're fond of sweets.
>
> *―「～に目がない」は be fond of ～のほか、love ～と言ってもよいでしょう。

～の誕生日に乾杯
最高に幸せな誕生日に価する人に乾杯したいと思います。

> Here's to a man who deserves a birthday that's the happiest by far.
>
> *―~by farは最上級や比較級を修飾して「はるかに～，断然～」の意味を表わします。better by far（はるかによい），the best by far（抜群）などと用います。

尊敬と称賛をこめて～します
尊敬と称賛をこめて，すばらしい年のご多幸をお祈りします。

> With much respect and admiration, I offer you our best wishes for a great year.

この誕生日がすばらしい日でありますように
きょうのこの誕生日がすばらしい日でありますように。そして，毎日がすばらしい日でありますように。

> We would like to extend our warmest wishes for this birthday and every day.

健康と繁栄に恵まれますように
これからもどうか健康と繁栄に恵まれますように。

> We wish you all the health and prosperity in the years to come.

2—受賞・入賞パーティー CD30

授与スピーチの冒頭では,「誰」が「どのような賞」を「どのような業績」により受け取るのかを伝えます。賞を受ける際は,それまで支えてくれた上司や同僚への感謝の気持ちを述べ,喜びを分かち合いましょう。

* * *

～賞を～さんに贈ります

トップ・セールス賞をジョン・パーカー氏に贈ります。おめでとうございます。

> It is a great pleasure for me to honor John Parker with the Top Salesman Award. Congratulations.

～の感謝のしるしに～を贈ります

マイク・スミスさんの35年にわたる会社への貢献に対する感謝のしるしに,ここに特別功労賞を贈ります。

> I would like to present Mike Smith this Award for Meritorious Service in recognition of his contributions to the company for thirty five years.
>
> *—one's contribution to ～は「(人)の～への貢献」という意味です。動詞はcontributeで,第二音節にアクセントがきますので,注意してください。

～をたたえて～賞を贈ります

その着想の独創性と,それを商品化する卓越した能力,そしてたゆまぬ努力をたたえて,中村康子氏に最優秀研究者賞を贈るものであります。

> This award for excellence in research is being presented to Yasuko Nakamura in recognition of her creativity, her remarkable competence in commercializing her ideas, and for her tireless efforts.
>
> *—in recognition of ～は「～を認めて,～をたたえて」という意味です。

授賞の対象となった～は～です

授賞の対象となったハワードさんの研究が遺伝子工学の分野に与えた影響

は，まことに画期的なものです。

> The impact of the research conducted in the field of genetic engineering by the recipient of the award, Mr. Howard, has been proved to be truly epoch-making.

受賞者には〜が贈られます

受賞者にはそれぞれ表彰状と現金100万円が贈られます。

> Each recipient will be presented with a cash award of ¥1,000,000 together with a certificate.

賞の贈呈を行ないます

それでは，ヒューズ会長による賞の贈呈に移りたいと思います。

> Let us move on now to the presentation of awards by President Hughes.
>
> ＊— move on to 〜は「〜へ移る」。proceed to 〜も使えます。

たいへんな名誉に思います

このような権威ある賞を受賞して，たいへんな名誉に思っております。

> It is a great honor for me to receive such a prestigious award.
>
> ＊—「〜できてたいへん光栄です／名誉に思います」は，it is a great honor for me to＋動詞で表わします。

なんとも言葉がありません

なんとも言葉がありません。とにかく，すばらしいのひとことです。

> Words fail me. It's simply wonderful!
>
> ＊文例中の fail は「役に立たない」という意味です。

感慨無量です

10年にわたる仲間たちとの試行錯誤のくり返しで，ほとんど成功をあきらめかけたこともありましたが，そのすべてが私たちをきょうのこの日に導いてくれたのだと思うと，感慨無量であります。

> For ten years my co-workers and I pursued our goal by repeated attempts through trial and error, to the point where I had just about given up the hope of any chance of success; such has led

us to where we are today, thus it is for me a moment of truth.

＊─ to the point where ～と led us to where ～の where はいずれも関係副詞で，意味はそれぞれ，「希望を捨てかけていた時点まで」「私たちがきょうあるところまで導いてくれた」となります。

夢にも思っていませんでした

この賞は非常に歴史があり水準の高いものですから，まさか私が最優秀賞をいただくことができるとは夢にも思いませんでした。

> This extremely valuable award has a rich background of history. I never expected that I would be selected as winner of the first prize.

～と受賞の栄誉を分かち合いたいと思います

この場をお借りして研究を共にしてきた同僚たちにお礼を述べるとともに，受賞の喜びと栄誉を分かち合いたいと思います。

> I want to take this opportunity to thank all who have conducted research with me, and to share with them the pleasure and honor of receiving this award.

＊─「この場を借りて～する」は take this opportunity to ～で表わします。また，「～を…と分かち合う」は share ～ with …となります。

～の助けがなければ，できなかったでしょう

この5年間，私の研究に惜しみなく援助の手を差し伸べてくださった多くの人たちに感謝の気持ちを述べたいと思います。彼らの助けと支援がなければ，きょうの日はなかったでしょう。

> I would like to thank the many people who during the past five years assisted me so unstintingly in this research. Without their help and support, this day would never have come about.

＊─ unstintingly は「惜しみなく，寛大に」という意味で，generously と言ってもよいでしょう。come about は happen と同じで，「起こる」という意味です。

これからもベストを尽くします

本当にありがとうございました。これからもこの賞の栄誉に恥じないよう，ベストを尽くしていきたいと思っています。

> Thank you very much. I fully appreciate the honor that this award confers on me, and I will continue to do my very best.

3—クリスマス・パーティー　　　　　　　　　　　CD31

「クリスマスだけは会社を休みにする。さもないと，社員が辞めてしまう」。これは，ある米国企業の社長の言葉です。キリスト教が広く普及している国では，クリスマスは重要なファミリー・イベントです。社内パーティーのスピーチでも，社員とその家族の健康を祈るフレーズを加えると喜ばれます。

　　　　　　　　＊　　　　　　＊　　　　　　＊

メリー・クリスマス

クリスマス，おめでとう。

> Merry Christmas!
>
> I wish you a Merry Christmas!
>
> I would like to extend my best wishes for a Merry Christmas.

この1年はすばらしい年でした

みなさまの愛社精神とたゆまぬ努力のおかげで，この1年は会社にとってすばらしい年となりました

> We've had a great year because of your spirit of solidarity and untiring efforts.

今年はどんな年でしたか？

毎年，クリスマスになると，今年はどんな年だったろうかと思いをめぐらします。みなさんにとって2004年はどんな12か月でしたか？　何か新しい発見をしましたか？

> Each year, with the approach of Christmas, I ask myself what this year has been like. What have the 12 months of 2004 brought to all of you? Have you made any new discoveries?

このようなアット・ホームな場でお会いできてうれしく思います

このようなアット・ホームな場でみなさんにお会いできることをうれしく思います。

> It's really nice to see all of you at an "at home" like this.
>
> *――「このようなアット・ホームな場で」は，in an informal (relaxed) setting like this と言ってもよいでしょう。

～は～という目的で開かれるクリスマスの恒例行事です

この全社合同クリスマス・パーティーは，社員とそのご家族のみなさんが共に愛と喜びを分かち合うという目的で開かれるもので，いまやクリスマスの恒例行事となっています。

> This company-wide Christmas party for all of our employees and their families has become a tradition in which all of us can share love and joy.

これを機会に，より親しくなれますように

仕事中は時間に追われ，お互いひざを交えて話すことはほとんどありませんので，これを機会に他の部署の人たちとも交流し，もっと親しくなれればと願っています。

> Under the pressure of work, we hardly ever get to sit down and talk to one another, so I hope that this party will give us all a good opportunity to meet the members of other sections and become friends.
>
> *――hardly は「ほとんど～ない」という意味の副詞です。

愛と平和を分かち合えますように

ここにいるみなさま方が愛，喜び，そして平和の恵みを分かち合うことができますように。

> May you share all the blessings of love, joy, and peace tonight with us!

遠慮なく食べ，おおいに楽しんでください

食べものや飲みものをいろいろ用意してありますし，広間ではダンスもで

きます。どうぞ遠慮なく食べ，おおいに楽しんでください。
> We have a variety of dishes and drinks, so please help yourselves. There's space for dancing, too.

＊―「～を自由に召しあがってください」は help yourself to ～ですが，おおぜいの人に向かって言う場合は yourselves と複数形にします。

ゆっくりしていってください

どうぞ，ゆっくりしていってください。
> We hope that you will enjoy your visit with us.

準備してくださったかたに感謝します

まず，このような各課合同のすばらしいクリスマス・パーティーを準備してくださった企画委員会のみなさまに感謝の気持ちをお伝えしたいと思います。
> First of all, I'd like to express my thanks to everyone on the planning committee for arranging such a wonderful company-wide Christmas party.

～を代表して，お招きいただいたことにお礼申しあげます

今夜ご招待いただいた山下金属の社員を代表して，このような楽しいクリスマス・パーティーにお招きいただきましたことをお礼申しあげます。
> On behalf of the staff of Yamashita Metals invited here this evening, I would like to thank you for inviting us to such an enjoyable Christmas party.

＊―「～を代表して」は on behalf of ～を使います。

ごちそうを満喫しました

おいしいごちそうとすばらしいワイン，そして楽しいおしゃべりを満喫いたしました。
> We really enjoyed the delicious food, excellent wine, and friendly conversation.

ともにひとときを過ごせたのが何よりです

お料理も飲みものも音楽も最高でしたが，みなさまとお会いでき，お話を

し，クリスマスのひとときを一緒に過ごせたことが何よりです。

> The food, the drinks, and the music were all wonderful, but more importantly, I enjoyed meeting and talking to all of you; and above all spending time together at Christmas.

＊— enjoy のあとにくる動詞はかならず動名詞にします。above all は「とりわけ」という意味です。

4―結婚披露宴／結婚記念パーティー　　　CD32

　結婚披露宴や結婚記念パーティーで，夫婦の出会いのエピソードをたいへんユーモラスにまとめるスピーカーがいます。参加者全員を幸せな気持ちのまま会をおさめる，これは祝福する場での最低の約束ごとです。むりに笑いをとろうとして人をけなすようなジョークを言ったりしないよう気をつけましょう。

＊　　　　＊　　　　＊

ご結婚おめでとう―

ご結婚おめでとうございます。

> Congratulations on your marriage!

ご結婚が～でありますように―

お二人の結婚が幸せに満たされたものでありますように。

> I wish the two of you a marriage filled with all the good things in life.

～な人生を歩まれますように―

お二人が共に幸せな人生を歩まれますように。

> I wish the two of you all the best in your life together.

披露宴にお招きいただき，感謝の意を表します―

このようなすばらしい披露宴にお招きいただき，心から感謝の意を表したく思います。また，新郎新婦の上村ご夫妻には心からお祝い申しあげます。

> I would like to first express our gratitude to you for inviting us

第3章　パーソナル・セレモニー　147

to this wonderful wedding reception. Also, I would like to extend our warmest congratulations to the newlyweds, Mr. and Mrs. Uemura.

＊―「結婚披露宴」は wedding reception です。「結婚式」は wedding ceremony,「新郎新婦」は newlyweds と言います。また,「彼らは新婚です」と言うときは They are newlywed. となり,この場合の newlywed は形容詞です。

～に代わってご挨拶申しあげます

本日, 欠席しております森社長に代わりまして, ご挨拶申しあげます。

> I am here today on behalf of President Mori, who is unable to attend.

幸せな結婚生活のスタートを切るでしょう

康夫君, ケイトさん, あなたがたお二人には若さと才能があります。きっと幸せな結婚生活のスタートを切ることでしょう。

> Yasuo and Kate, both of you are blessed with youth and talent. I am sure that you will have a very happy married life.

あなたはラッキーです

ジョー, あなたのようにラッキーな人はいません。聡明で優しく, しかも美人のキムを見つけたのですから。

> Joe, how very lucky you are to have found such a brilliant and lovely bride as Kim.

新婦を○年まえから知っています

私は新婦を同僚として5年以上まえから存じあげています。そして, こんなすばらしい女性の心を射止めるのはどんな人だろうと, ひそかに好奇心を抱いていました。

> I have known the bride for the past five years, as one of my colleagues, and have always wondered what kind of man could win the heart of such a wonderful lady.

お祝いの言葉とさせていただきます

これをもちまして，お二人の夢と希望に満ちた結婚生活へのお祝いの言葉とさせていただきます。

> My sincerest wishes to both of you in realizing your dreams and hopes in your married life.
>
> ＊──成功や幸福を祈願するときの表現としては my wishes for ～ も使えます。たとえば，I extend my wishes for the success in your business. で「お仕事の成功をお祈りいたします」という意味になります。

結婚○周年をお祝い申しあげます

ロバートソン社長ご夫婦のご結婚25周年にあたり，心よりお祝いを申しあげます。

> I would like to extend my congratulations to President Robertson and his wife on their 25th wedding anniversary.

たいへん長く感じられます

結婚50周年には金婚式を祝いますが，50年というのは，まだ新婚6か月の私にとっては想像もつかないほど長い年月のように感じられます。

> Although this is the 50th anniversary of their marriage, their golden wedding anniversary, to someone like me, who has only been married for six months, a half a century is something that is really hard for me to imagine.

結婚○周年には～が贈られます

結婚25周年には「銀」の品物が贈られる習慣があります。お二人のご結婚生活を称え，末長いお幸せを祈って，銀の盃をペアでお贈りしたいと思います。

> There is the custom of a gift of silver given on the twenty-fifth anniversary. We would like to present you with a pair of silver "sake" cups, to wish you many more years of happiness.
>
> ＊── present＋人＋with ～ は，「人に～を贈る」という意味です。

5―葬儀／告別式 CD33

仏教では「人は死後49日間を経て生まれ変わる」と信じられています。一方，キリスト教では「人はキリストの死の行為を信仰によって自らのものとすることで，神の国に迎え入れられる」と信じられています。送られる人の宗教的なバックグラウンドを理解したうえで告別式の言葉を選ぶようにしましょう。

　　　　　　＊　　　　　　＊　　　　　　＊

急逝の知らせにショックを受けました

ブラウンさんの急逝の知らせを受け，私たちはみな，たいへんショックを受けています。いまだに信じられない思いです。

> The news of Ms. Brown's untimely death has reached us, and came as a great shock to all of us. We can hardly believe it.

ご遺族のかたがたに～

ご遺族のかたがたに心からのお悔やみを申しあげます。

> I would like to express my heartfelt condolences to the bereaved family.

ご母堂のご逝去を悼み～

ご母堂のご逝去を悼み，謹んでお悔やみを申しあげます。

> Your dear mother's passing away is indeed sad news for us; we extend our deepest sympathy to you.
>
> ＊―「亡くなる」と言う場合は die ではなく，pass away という婉曲語を使います。

お悔やみ申しあげます

私どもの会社を代表しまして，心からのお悔みを申しあげます。

> On behalf of my company, I wish to express our deepest sympathy.
>
> ＊―「お悔やみ」は sympathy のほかに condolence も使えます。

空虚な穴を残しました

キャロルの死は，私たちに埋めることのできない空虚な穴を残しました。

> Carol has left a void that cannot be filled.

悲しみは言葉では表わせません

遠藤さんは私にとって頼もしい兄のような存在でした。その彼を失った悲しみは，とても言葉では表現できません。

> Mr. Endo was to me like an older brother in whom I could place my trust. It is impossible for me to express in words the grief that I feel at his loss.

偉大な貢献をなさいました

清水さんは，わが社の通信部門でこれからも長く人びとの記憶に残るような偉大な貢献をなさって他界されました。

> Mr. Shimizu has passed away, but will be long remembered in our communications department for his great accomplishments.

心のなかで生きつづけるでしょう

彼のとぎすまされた感受性と思いやりは，これからも私たちの心のなかで生きつづけるでしょう。

> The vivid impression he made on all of us will always live in our memory.

〜を感謝いたします

お心づかいを感謝いたします

> Thank you for your thoughts and sympathy.
> I really appreciate your kind words.

◆サンプル・スピーチ ⑪

Award Cermony of a Contest
——words of happiness and resolution by a prize winner——

Fellow Toastmasters, Honorable Judges, Distinguished Guests

① With great honor, I accept this award for the first prize of this prestigious Toastmasters International Regional Speech Contest in Asia Pacific. As a newly born district with over 60 clubs in Japan, I entered this Regional Speech Contest for the first time after winning first place in Japan. I truly believed that this would be an excellent learning experience for me among my more seasoned Asian neighbors, who have competed in this Speech Contest on several occasions. I never considered that I would be selected as the winner of the first prize after such rigorous judging criteria and selection process. However, as in an old saying, "Never despair because it is the first time."

② There is always a first time, and because I took the courage to come out here and challenge the odds, I could win this award. I am indeed excited that all the training I have received in Japan could place me with the top speakers in Asia. Therefore, with much joy and pride I will carry back this award and trophy, symbolizing excellence in communication and leadership skills, to Japan and show to all those who have supported and given me wonderful mentoring.

③ Now I have captured the first opportunity from Japan to represent the Asia Pacific region to enter the Toastmasters International Speech Contest in the United States, and I hope to do my very best so that I can proudly bring back another honor to share with all of you here today.

コンテストの表彰式
――受賞者による喜びと今後の決意――

トーストマスターズ会員，ならびに審査員，ご来賓のみなさま，

① このたび，この格式高いトースト・マスターズ・インターナショナル・スピーチ・コンテスト・アジア太平洋地域大会の最優秀賞をいただきまして，たいへん光栄に存じます。日本には60以上のトースト・マスターズ・クラブがありますが，私はそのなかで新たに設立された地区のクラブの代表として日本の大会で優勝し，はじめてこの地域大会に参加いたしました。今回，このスピーチ・コンテストの常連である，経験豊かなアジアの近隣諸国のみなさまとご一緒できるということで，私としましてはたいへん貴重な学習経験となるだろうと考えていました。ですから，この大会のきびしい審査基準と選考手続きをもってして，まさか自分が最優秀賞をいただくことができるとは，夢にも思いませんでした。しかし，こういう古いことわざもあります。「はじめてだからといって，あきらめてはいけない」。

② 誰にでもはじめてのときはあります。私は勇気をふり絞ってここにやってきて，自分の可能性に賭けてみたからこそ，この賞をいただくことができたのです。日本でこれまで受けてきたスピーチ訓練のすべてが私をアジアのトップ・スピーカーとしての地位へ導いてくれたのだと思うと，感慨無量であります。ですから，私は今回の喜びと誇りを胸に，優れたコミュニケーション能力とリーダーシップ能力の象徴であるこの賞とトロフィーを日本に持ち帰り，これまで熱心にご支援，そしてご指導くださったかたがた全員にお見せするつもりです。

③ 私はいま，アジア太平洋地域を代表して，米国で開催されるトースト・マスターズ・インターナショナル・スピーチ・コンテストに参加するという，日本人初の機会を手にしています。きょう，こちらにいらっしゃるみなさまがたのまえに，胸を張ってもう一つの栄誉を持ち帰ってくることのできるよう，自分のもてる力を十二分に発揮してまいりたいと存じます。

◆サンプル・スピーチ ⑫

Christmas Party
―― welcome speech by a sponsor ――

'Tis (＝It is) the season to be merry. Tra la la la la … la la la la … (Sing) HO, HO, HO, Merry Christmas!

Dear friends, Distinguished guests

① With great pleasure I raise this glass of champagne to welcome all of you to our 25th annual Christmas Gala dinner party at this fine hotel. Christmas is a time for friends and family to gather, and I am very happy to see all of your smiling, familiar faces. Thank you for gathering in spite of the snow. Tomorrow all of our children will wake up to a White Christmas and the joy of opening presents from Santa.

② This dinner party has indeed become a Christmas tradition in our family and among our dear friends to share the love and joy we are blessed. Most of you feel that if you do not see Jim don this Santa Claus outfit and wish you, "HO, HO, HO, Merry Christmas!" that Christmas has not truly arrived. (Laughter) Actually it is the same for me!

③ Grace, my partner in life, in her Mrs. Santa outfit will help me to pass out a special gift to each one of you, celebrating our 25 years together at this special Christmas Gala dinner. Both of us hope you will enjoy the special dinner arranged tonight and the surprise entertainment afterwards!

④ I am sure all of you are ready to faint from hunger by now, so I wish you all a Merry Christmas. May you all share the blessings of love, joy, and peace tonight with us! Cheers!

クリスマス・パーティー
——主催者による歓迎の言葉——

〜楽しい季節がやってきた。タラララララ〜ラララララ。(歌う)
ホー，ホー，ホー，メリークリスマス！

友人のみなさん，ならびにご来賓のみなさま，

① 本日は，第25回となりました毎年恒例のクリスマス・ディナー・パーティーのために，このすばらしいホテルにお集まりいただき，どうもありがとうございます。みなさんへの歓迎の意を表しまして，乾杯の音頭をとらせていただきます。クリスマスは友人や家族と一緒に過ごすものということで，きょう，ここでみなさんの見慣れた笑顔にお会いすることができてたいへんうれしく思います。雪で足もとが悪いなか，ご来場いただきまして本当にありがとうございます。あすの朝，子どもたちが目を覚ますと，あたりは雪一面のホワイト・クリスマスですね。きっとサンタクロースからのプレゼントをわくわくしながら開けるのでしょう。

② このディナー・パーティーは，私たち家族とその親愛なる友人たちとが共に愛と喜びを分かち合うという目的で開かれるもので，いまやクリスマスの恒例行事となっています。おそらく，ジムがこのサンタクロースの衣装をつけて「ホー，ホー，ホー，メリークリスマス！」と言っているのを見ないと，本当のクリスマスが来た気がしない，という人がほとんどではないでしょうか。(笑)じつをいうと，私もそうなのです。

③ これから，サンタクロース夫人の衣装を着て美しく着飾った妻が，この記念すべき第25回のパーティーのために用意した特別なプレゼントを，私と一緒にみなさんにお渡しします。今夜のために作られた特別料理と，のちほど行なわれる秘密の出しものを，ぜひ楽しんでいってください！

④ さあ，みなさん，そろそろお腹がすいて倒れそうになっているころだと思いますので，このへんでクリスマスのお祝いを述べさせていただきます。ここにいる全員が愛，喜び，そして平和の恵みを分かち合うことができますように。乾杯！

補章
話の流れをつくるのに便利な表現

────知っ得フレーズ集❷────　　　　　CD34

　結論が明確で，それを支える論旨がしっかりしている。これはスピーチを作るうえでの基本です。これらの基本的骨子が固まったら，つぎは味つけです。話の流れを作るフレーズを加えることで，それまで無機質に感じられていたスピーチが華やかなものになります。フレーズ選択のポイントは，聴衆の特徴，会場の雰囲気，そしてイベントの目的に応じて使い分けることです。

❶──呼びかけ

　完結で力強い呼びかけは聴衆の心を引きつけます。導入部分で聴衆との一体感をもつことができれば，スピーチは最後までスムーズに進むものです。呼びかけのフレーズは応用可能なものが多いので，イベントの雰囲気や聴衆の特徴に合わせてフレーズを選択しましょう。

　　　　　　　＊　　　　　　＊　　　　　　＊

みなさん，きょうはお目にかかれて光栄です。
> **Ladies and gentlemen**. It is indeed an honor for me to be here with you today.

それでは**みなさん**，声をそろえて！「おめでとう，スミスさん！」
> All right, **everybody**. All together, now. "Congratulations, Mr. Smith!"

ご列席のみなさま，ようこそお出でくださいました。
> I'd like to thank **all of you here today** for coming.

同僚のみなさん，きょうは私のためにこんなに盛大な会を催してくださってありがとうございます。
> I'd like to extend my thanks to all of you, **my fellow workers**,

| for this great show of support for me.

ようこそ，新入社員のみなさん，こんにちは。営業部の田中です。

> **Welcome new staff members**, my name is Mr. Tanaka; I'm in charge of the Sales Department.

会員のみなさま，本日は第31回全国大会にご出席いただきまして，まことにありがとうございます。

> **Ladies and gentlemen**, I'd like to express my appreciation to all of you today for your attendance at our 31st General Meeting.

＊ー attendance は動詞 attend の名詞形で，「出席」という意味です。

ご来賓のかたがた，ならびに当連合会の委員のみなさま，本年度の年次総会を弊社で開催できましたことを，社員一同，名誉に思っております。

> **Honored guests and fellow union members**. It is a special honor for me to be numbered among those marking the opening of this year's annual meeting here in our company.

よい子のみなさん，そしてご出席のみなさん，よくいらっしゃいました。

> **Nice boys and girls, and our guests**. May I take this opportunity to extend a warm welcome to all of you.

ご家族のみなさん，きょうはどうぞ楽しんでください。

> **To each and every one of you here today with your families**, I invite you to enjoy yourselves.

＊ー enjoy＋oneself は「楽しむ」という意味です。たとえば，「パーティーを楽しみました」は I enjoyed myself at the party.，または I enjoyed the party. となります。

田中さん，温かい歓迎のお言葉をありがとうございました。

> **Ms. Tanaka**, I thank you for your kind words of welcome.

議長，ご親切な紹介をありがとうございます。

> **Sir**, I do very much appreciate your kind introduction.

会員，ならびに審査員，ご来賓のみなさま，このたび MI 賞を受賞してたいへん光栄に思っております。

Members, Judges and Guests, it is indeed an honor for me to be awarded the MI Prize on this occasion.

❷―歓迎　　　　　　　　　　　　　　　　　　　　　　　　CD35

　歓迎とは文字どおり,「歓んで人を迎える」ことです。心のこもった挨拶は, 発音のよしあしにかかわらず相手の心に届くものです。最初は自分の発音しやすいフレーズで構いません。心を込めて挨拶することから始めましょう。

　　　　　　　＊　　　　　　＊　　　　　　＊

いらっしゃい！
　| **Welcome!**
よくいらっしゃいました。
　| **It's so nice that you can join us.**
ようこそおいでくださいました。
　| **It's a pleasure to welcome you!**
本日はお越しいただき, ありがとうございます。
　| **We thank you for joining us here** today.
きょうはお忙しいなか, お集まりいただき, ありがとうございます。
　| **We appreciate your taking time out from your busy schedule to be with us here** today.
あいにくの雨のなか, 当社の創業祭にお出でいただき, ありがとうございます。
　| **We must thank you for joining us** today, **despite all this rain,** to mark the anniversary of the founding of our company.
　＊―despite は「～にもかかわらず」という前置詞で, in spite of ～と同じです。
遠いところをわざわざお越しいただき, 感謝しております。
　| **We do indeed appreciate** your having **taken the trouble of coming** all this way.
スミスさんをきょう, ここにお迎えできるのは大きな喜びです。

> Mr. Smith, **I can't tell you how happy we are to have you** here with us today.

❸―切り出し　　　　　　　　　　　　　　　　　　　　　CD36

　スピーチの開始時に役立つのが切り出し文句です。What I would like to say that（私が申しあげたいことは～）と突然，切り出すのではなく，気のきいたフレーズを用いてリズミカルでおしゃれなスピーチに挑戦してみてください。

　　　　　　　　　＊　　　　　＊　　　　　＊

みなさん，**簡単にご挨拶させていただきます**。

> Ladies and Gentlemen, **please allow me to extend a word of welcome to our guest**.
>
> ＊―「～させていただきます」は allow me＋to＋動詞，または let me＋動詞です。「自己紹介させていただきます」なら，Allow me to introduce myself.，または Let me introduce myself. となります。

この記念すべき創立100周年にお招きいただき，**ひとこと述べさせていただくことをたいへん光栄に思います**。

> **It is certainly a distinct honor for me** to have been invited **to speak to you on** the 100th anniversary of the founding of your organization.

では，営業第3課**を代表して**ひとことご挨拶を申しあげます。

> **As a representative of** the 3rd Sales Department, **I'd like to say a few words to you**.

新製品発表会にお集まりくださったみなさまに，開発責任者**として**ひとことご挨拶をと賜りました。

> **I have been requested to say a few words** to all of you who have assembled here on the occasion of the introduction of our new products, **in the capacity of** manager of the section.

ちょっとひとこと，お祝いを述べさせてください。

> I'd like to say a few words by way of congratulations.

お招きいただき，ありがとうございます。

> I am most thankful for your invitation.

私のためにこんなに心温まるパーティーを開いていただき，ありがとうございます。

> How can I ever express my gratitude to all of you here for this exceptionally warm reception?

今回，関係者としてお話しする機会をいただきまして感謝いたします。

> Thank you for allowing me to avail myself of the opportunity to say a few words to you on this occasion, in my connection with your organization.
>
> ＊— avail oneself of ～は「～を利用する，～に乗じる」という意味です。

各分野の第一線で活躍しておられるみなさまのまえでお話しできることをうれしく思います。

> It is certainly a delight for me to address all of you, who are actively engaged in the forefront of your various fields of endeavor.

何を言おうとしていたか忘れてしまいました。

> Excuse me but what I'd wanted to say to you seems to have somehow slipped my mind.

何としたことでしょう。せっかく覚えてきたことを忘れてしまいました。

> What was it? I'm afraid I've forgotten now, even after having taken the trouble of checking on it so carefully.

言いたいことがたくさんありすぎて，何からお話しすればいいかわかりません。

> There are so many things I'd like to say that I hardly know where to begin.
>
> ＊—「あまりに～しすぎて～できない」は，「so ～ that 主語＋not (hardly) ～」の構文を使います。「あまりにむずかしくて，何と答えてよいかわからなかった」

なら，It was so difficult that I hardly knew what to answer. となります。

ではまず，当社のプロモーション・ビデオをご覧にいれます。
So, now, to start things off, let's take a look at the company's promotion videotape.

みなさん，**残念なお知らせがあります**。じつは……
I'm afraid I have some bad news for you. In fact …

グッド・ニュースです！　たったいまはいった情報では……
Here's some good news for you! This is just in!

この機会に，今回のプロジェクトが成功した理由を簡単に述べさせてください。
What I'd like now is a simple explanation of the reasons for our success in this project.

ここに新型携帯電話 EM-500 の製造開始をご報告**できますことを**たいへんうれしく思います。
It is a real **pleasure for me to** announce the launch of production of the new model portable telephone EM-500.

この場をお借りして，当部門の歴史を少しご紹介したいと思います。
I'd like to take this occasion to go into a bit of the background of our department.

　＊ー go into ～は「～について述べる」という意味で，explain と同じ意味です。

さて，このへんで新婦の恩師である中村教授からお言葉をちょうだいしたいと思います。
And now, I wonder if Professor Nakamura, the new bride's former teacher, would kindly say a few words?

きょうは，営業第1課のスタッフ全員が**あなたのご栄転をお祝いするために集まっております**。
Today the staff of the First Sales Department **has gathered here in your honor.**

僣越ながら，部長に代わってご挨拶させていただきます。

> **With your kind permission**, I'd like to say a few words of congratulations on behalf of the Section Chief.

みなさん，**ちょっと耳をお貸しください。**

> Ladies and gentlemen, **may I please have your attention?**

本日は新会長・大田和雄の就任を祝うパーティーに**ご出席いただき，感謝にたえません。**

> **It is a great pleasure to have all of you here at** this celebration in honor of the inauguration of our new company president, Mr. Kazuo Ota.
>
> *— inauguration は「就任」という意味で，動詞は inaugurate（就任させる）です。また，inauguration address で「就任演説」，Inauguration Day は「大統領就任日」の意味になります。

このような記念すべき集まりでスピーチをするように要請を受けたことは，**大きな栄誉です。**

> **It is a great honor and a gesture of prestige** to be asked to speak to you on the occasion of this anniversary.
>
> *— prestige は「名声，威信」という意味です。形容詞は prestigious（有名な）で，「有名校」は a prestigious school となります。

英語でスピーチをと頼まれたときは，あやうく気を失うところでした。

> I almost fainted **when I was asked to speak in English.**

これからは**前もってスピーチすることを**お知らせくださるとありがたいのですが。

> In the future, **please ask me in advance** when you would like me to make a speech.
>
> *— in advance は「前もって」という意味です。I paid to him 1000 dollars in advance（彼に前金で1000ドル払った）のように使います。

❹―乾杯

「乾杯の挨拶」と称した長いスピーチを経験したかたはいないでしょう

か？ グラスを片手に長時間，待つのはけっして気持ちのいいものではありません。乾杯の挨拶は参加者の健康を祝した簡単なものにとどめましょう。

* * *

乾杯！
> **Cheers!**

みなさんへの歓迎の意を表しまして，**乾杯の音頭をとらせていただきます**。
> **With great pleasure I raise this glass of champagne to** welcome all of you here.
> *―「乾杯の音頭をとる」は propose a toast to ～とも言います。

御社のますますのご発展**を祈って，乾杯**！
> **Here's to the prosperity of** the company. Cheers!

三船さんご夫妻の金婚式**を祝して，乾杯**！
> **Cheers! And congratulations to** Mr. and Mrs. Mifune on their golden wedding anniversary!

では，新郎新婦**のために乾杯したい**と思います。
> **May I propose a toast to** the new couple!

新部長**に祝杯を捧げたい**と思います。
> **May I propose a toast to** the new manager!

おふたりとも，おしあわせに！
> A toast! **Every happiness to you both**!

さあ，**これからもがんばりましょう**！
> **Keep up the good work**!

このプロジェクト**が成功しますように**。
> Here's to the new project: **I wish it every success**!

クリントンさんの企画**が大成功するようお祈りします**。
> **Best wishes on the success of** Ms. Clinton's project!
> *― best wishes は成功や幸福などの祈願を表わすときに使われます。My best wishes to your success.（ご成功をお祈りします），Please give him my best

スミスさんに心からのお祝いを申しあげます。
> **My heartiest congratulations to** Mr. Smith.

来年もすばらしい一年になりますように。
> Here's to next year! **Let it be** another successful one!

みなさまとご家族の**ご多幸とご健康**をお祈りいたします。
> **I wish** you and your family **the best of health and happiness!**

みなさん，メリー・クリスマス！
> **A very merry Christmas to one and all!**

きょうのパーティーは真央さんが一手に取り仕切ってくださいました。彼女に盛大な拍手を！
> We have Mao to thank for arranging this party all by herself. **Let's give her a big hand!**
>
> ＊── by oneself は「独力で，ひとりで」，all by oneself は「まったくひとりで」という意味です。

❺──話題の転換　　　　　　　　　　　　　　　　　　　　CD38

　限られた時間内に結論や重要な論旨を述べる。これはスピーチの鉄則ではないでしょうか。予定以上に話が長引いてしまった場合は，話題転換のフレーズを上手に利用してつぎの話題へと駒を進めましょう。接続がうまく行なえれば，話題の転換は思いのほか自然なものになります。

　　　　　　　＊　　　　　＊　　　　　＊

ところで，提携の件はどうなりましたでしょうか。
> **Incidentally**, how is the joint venture deal coming along?
>
> ＊──話題を変えるときの表現としては incidentally または by the way を覚えておくとよいでしょう。

さて，ここから本題にはいります。
> **And, now,** I'd like to go into our main topic.

ときに，社長が支店に激励に見えることがあります。

Incidentally, it appears that the president will have to see that our branches receive some encouragement.

＊― it appears that 主語＋動詞は it seems that 主語＋動詞と同じで,「～のようだ」という意味です。

話は変わりますが，じつは，私はゴルフが好きではありません。

On a different note, to tell the truth I'm not especially fond of golf.

言い換えますと，自由業は年中，無職だということです。

In other words, being self-employed is like being unemployed all year round.

べつの言い方をすれば，けんかするほど仲がよいともいえます。

In other words, the more they're at odds with each other, the better friends they become.

＊― the more ～, the better ～は「～すればするほど～」の意味で,「the＋比較級, the＋比較級」で表わします。たとえば, The sooner, the better.(早ければ早いほどよい), The cheaper, the better.(安ければ安いほどよい) などと用います。

べつの観点から見れば，その短所は長所ともなります。

Viewed in another light, a shortcoming like that could actually become a strong point for us.

＊― in another light の light は「見方, 見地」という意味です。in that light とすると,「そんなふうに」の意味になります。

つまり，積年の念願がかなったということです。

In other words, our long-cherished desire was realized.

要するに，小社の20年は苦難の歴史でした。

In brief, the past 20 years of our firm have been filled with difficulties.

＊―「要するに」は in short とも言います。

わかりやすく言うと，まだまだ修業がたりないということです。

> **To put it plainly**, the study is still incomplete.

逆を言うと，学歴のなさが幸いしました。

> **Conversely**, the absence of any academic background was to his advantage.

しかしながら，それを支えられるだけの人材がいません。

> **However**, we do not have sufficient personnel to handle it.
>
> ＊―personal「個人の」と personnel「人事，人材」の意味の違いとアクセントに気をつけてください。personal は第 1 音節に，personnel は第 3 音節にアクセントがきます。

それとは反対に，私は強い確信を抱きました。

> **On the contrary**, I am quite confident about it.

それにもかかわらず，販売成績はかならずしも伸びませんでした。

> **For all that**, sales results have simply not shown an increase.
>
> ＊―「それにもかかわらず」は in spite of that とも言えます。

一方では，合併の話が進んでいたのです。

> **On the other hand**, talks of a merger were progressing.

話をもとに戻しますと，当時，私は困難の渦中におりました。

> **To get back to the point**, there were lots of difficulties around me at that time.

くり返しになると思いますが，どうぞ，幸せをつかんでくださいますように。

> **Once again**, let me wish you good luck.

まえにも少し触れましたが，企業の原動力は競争を強く意識することです。

> **I have already touched briefly on that point**, but the driving force of the enterprise is a keen sense of competition.
>
> ＊―「～に触れる」は touch on ～，または refer to ～を使います。

❻―お礼

欧米人が大きなジェスチャーをまじえてお礼の気持ちを述べているのを目にしたことはありませんか？　日本では「あうんの呼吸」という言葉があるように，「言わずとも気持ちは伝わるもの」と考えている人が多いようです。しかし，世界各国からの聴衆に対しては「気持ちを言葉で」伝えなければなりません。

*　　　　　*　　　　　*

ご紹介をありがとうございました。
- **Thank you for your kind introduction**.
- **I am very pleased with the introduction**.
- **I appreciate your words of introduction**.

みなさん，ありがとうございます。
- **Ladies and gentlemen, thank you**.

田中さん，ご紹介にあずかり，たいへんうれしく思います。
- Mr. Tanaka, **I am flattered by your kind introduction**.
- Mr. Tanaka, **thank you for your kind introduction**.

身にあまるおほめのことばをいただき，深く感謝しております。
- **I certainly appreciate all those fine things** the chairman just said about me, **but I don't deserve them**.

身にあまるおほめの言葉をいただき，心よりお礼を申しあげます。
- I want to thank you most heartily for the high tribute you have paid me.

本日，ここに出席させていただき，ひじょうにうれしく，また名誉に感じております。
- **I am very pleased and honored to** be here, today.

日ごろのたゆまぬご苦労に対し，私どもは深く感謝しております。
- We express our **deepest appreciation for your unrelenting labors**.

この場をお借りして，私どもの**大きな敬意を表したい**と思います。
> On this occasion, **we should like to express** our **great esteem for all**.

❼―結び　　　　　　　　　　　　　　　　　　　　　　CD40

心に残るメッセージで結ぶと，スピーチはたいへん印象深いものになります。今後の抱負を述べる結び，聴衆の健康を祝す結び，問いかけによる発展を促す結び。スピーチの内容が同じでも，クロージングの言葉をくふうするだけで，まったく異なった印象を与えることができます。

　　　　　　　＊　　　　　＊　　　　　＊

みなさんの将来のために**つぎのことばを贈りたい**と思います。
> **I should like to offer the following words** which might be of some value to you in the future.

関係者を代表し，山本太郎氏**に対する尊敬と愛情のささやかなしるしを贈呈させていただきます**。
> On behalf of the staff, **I have the great pleasure to present this small gift to** Mr. Taro Yamamoto **as a token of our esteem and affection**.

私どもは職務に全力をつくす**覚悟です**。
> **We are determined to** exert every effort to push forward in our work.
> ＊―「覚悟です」は be determined to ＋動詞で，「～する心を決めている」と受動態の形にします。

微力ではありますが，みなさまに助けていただきながら，**全力をあげてこの重責を果たしていく覚悟です**。
> **I'm not sure how I can help**, but with the kind cooperation of everyone, **I shall do all in my power to carry out this important responsibility**.

どうぞ，これからもご支援とご指導のほどをよろしくお願い申しあげま

す。
> **We ask for your generous support and guidance**.
>
> *— ask for 〜は「〜を求める，お願いする」という意味です。「ご支援とご指導」は「寛大なサポートと指導」と解釈し，your generous support and guidance となります。

これをもって，ご挨拶とさせていただきます。
> **Thank you very much**.

最後に，みなさまのますますのご健康とご発展**を心よりお祈り申しあげます**。
> **Finally, we offer our sincerest prayers for** your continued health and prosperity!

以上をもちましてお礼のことばとさせていただきます。
> **With these words, I'd like to extend my congratulations**.

どうぞ，ゆっくりしていってください。
> **We hope you will enjoy visiting with us**.

さあ，みんなで楽しくやりましょう。
> **Now let's all enjoy ourselves**.

ではここで，**みなさんの幸福をお祈りして**，パーティーを終わります。
> **I would like** to thank you for attending the party, and **to wish all of you the best of luck**.

重ね重ね，すばらしいパーティーをありがとうございます。
> **Thank you very much again** for this wonderful party.

感動のスピーチ "I Have a Dream."

「人生でもっとも感動したスピーチを一つあげなさい」という投票を全世界で行なったとしたら，まず，まちがいなくトップ・ランクにはいるだろうと思われるのが，キング牧師が1963年にワシントンDCで，市民権運動参加のために集結した20万人以上の参加者を前に行なった "I have a dream." のスピーチではないでしょうか。

◆ほとばしる情熱

私も "I have a dream." のスピーチについては以前から知っていましたが，実際にスピーチ全体をはじめて聴いたときには，その力強さ，そのほとばしる情熱に圧倒され，たいへん感動しました。残念ながら，紙面の制限があり，7000語以上あるこのスピーチの全テキストを掲載することはできませんが，その一部をご紹介しましょう。

"Let us not wallow in the valley of despair. I say to you today my friends - so even though we face the difficulties of today and tomorrow, I still have a dream. It is a dream deeply rooted in the American dream.

I have a dream that one day this nation will rise up and live out the true meaning of its creed: "We hold these truths to be self-evident, that all men are created equal."

I have a dream that one day on the red hills of Georgia the sons of former slaves and the sons of former slave owners will be able to sit down together at the table of brotherhood.

I have a dream that one day even the state of Mississippi, a state sweltering with the heat of injustice, sweltering with the heat of oppression, will be transformed into an oasis of freedom and justice.

I have a dream that my four little children will one day live in a nation where they will not be judged by the color of their skin but by the content of their character."

◆感動を与える五つの要素

みなさんもまず，この歴史に残る偉大なスピーチを声にだして読んでみてください。そして，なぜこのスピーチが多くの人に感動を与え続けているのか考えてみてください。

さらに，もしできれば，DVD などで生の音声と映像に接してください。キング牧師になったつもりで，元の音声を聞きながら，すぐあとを声を出して追いかけてゆくのもおすすめです。このテクニックはシャドーイング（shadowing）と言われ，同時通訳の訓練や，最近ではリスニングとスピーキングの能力を同時に向上させるための効果的な英語学習の手段として多く使われるようになってきました。

さて，私が考えるポイントは，大きく分けて五つあります。以下にこれをご紹介します。

① 比喩的描写（Imagery）

キング牧師のこのスピーチは，抽象的な概念を具体的な描写と結びつけるフレーズを多用することで，聴く人の頭の中に印象的な情景を想起させます。上記の引用の個所では，

> the valley of despair（絶望の谷），the table of brotherhood（兄弟愛のテーブル），the heat of injustice（不正の炎），the heat of oppression（激烈な弾圧），an oasis of freedom and justice（自由と正義のオアシス）

などの下線部分がこれに該当します。スピーチ全体では，30以上の同様なフレーズが効果的に随所に散りばめられています。

② くり返し（Repetition）

引用の個所では "I have a dream." がこれに該当します。このほかにも "Let freedom ring."（自由の鐘を鳴り響かせよう）などの短いけれども美

しく，心の琴線に触れる文章が使われ，くり返されています。

③ 時空（Space-time）
　スピーチの流れのなかで，現在が歴史的にどういう位置づけにあり，いかなる意味があるのか，という点を明らかにしています。
　キング牧師がこのスピーチを行なったのは1963年で，第16代アメリカ大統領アブラハム・リンカーンによって奴隷解放宣言（The Emancipation Proclamation）が施行された1863年から100年を経た記念すべき年で，しかも，同牧師はリンカーンの坐像のあるリンカーン記念館（Lincoln Memorial）の演壇でこのスピーチを行なったのです。
　さらに，キング牧師はこのスピーチのなかで，アメリカのさまざまな州名や，故郷の山々や丘の名前をあげることで人びとの郷愁をそそるとともに，アメリカ全土にまたがる壮大な地図を描きだします。時間と空間を自由に駆け巡る，じつに壮大な時空ドラマを創出した，とでも言うべきダイナミックなスピーチです。

④ 行動（Action）
　スピーチの別の個所では，自分自身も含めた参加者が具体的にどういう行動を取るべきか，ということを明らかにしています。
　リンカーン大統領は公務の合間を縫っては教会の説教を聴きにいったことでも知られていますが，彼はどんなに周到に準備され，見事に語られた説教であっても，行動を呼びかけない説教に対しては厳しい評価をしていたといわれています。

⑤ 情熱（Passion）
　このスピーチが最大級のインパクトを与えるのは，なんといってもキング牧師の情熱であり，信念でしょう。
　たしかに，言葉としてだけ見たときもこのスピーチはすばらしいのですが，それ以上に感動を呼び起こすのは，彼の溢れんばかりの情熱です。そうした情熱はかならず表情や体の動き，声などの非言語的要素（non-verbal

elements）として伝わってくるものです。

◆キング牧師に学ぶ

　さて、それでは、キング牧師のスピーチから、私たちは具体的にどのようなことを学ぶことができるのでしょうか。上記の五つのポイントに沿って、私たちがスピーチをする際に応用可能なエッセンスをご紹介しましょう。

① 　具体的な事例や身近な出来事などをできるだけ取り入れましょう。身のまわりに起きた事象や、なじみのある風景や地名などをスピーチに取り入れることで、聴衆は親近感を覚え、内容をよく理解し、記憶してくれます。
② 　スピーチのなかに内容のエッセンスを凝縮した鍵となる表現を入れ、これをくり返すことでキー・メッセージを効果的に伝えることができます。それは陳腐なものやたんなる語呂あわせのようなお手軽なものではなく、簡潔で創造性あふれる独自の表現にするようにしましょう。

　ちょうどこの原稿を書いているときに、アメリカの43代大統領ジョージ・ブッシュ氏の2度目の就任演説が行なわれました。彼が演説のなかでもっとも頻繁に用いたキー・ワードは"freedom"でした。長期化するテロとの戦いの意味をアメリカに、そして世界に再確認する意味で用いたこの言葉には大統領の2期目に向けての強い決意が込められていて、全体をとおして一貫したメッセージを伝える役割を果たしています。
③ 　なんらかの具体的な行動を促しましょう。スピーチには、かならず達成すべき目的があります。たとえそれが「他の参加者とおおいに懇親をはかってください」といった挨拶程度のものであれ、期待する具体的な行動にかならず言及するようにしましょう。
④ 　時間と空間のなかでスピーチのテーマの位置づけを明らかにすることは、メッセージの意義を聴衆にしっかりと理解してもらうためにとても重要です。

　たとえば、新会社や製造設備の開所式などで「事業拡大や垂直統合は存在感をより高め、利益を上げ、雇用を促進し、地元コミュニティに貢献す

る」といった類のスピーチをする際でも，当該の新会社や製造設備が自社の発展の歴史や市場の広がりのなかでどういう意義があるのかを語ることにより，聴衆は歴史の流れという時間や市場という空間における事業の位置づけを明確に意識することになり，スピーチに深みが生まれ，納得性が高まります。

⑤　みずからの信念を情熱を込めて語りましょう。他人が作ったスピーチやできあいのもののたんなる寄せ集めでは，思いは伝わりません。かならず自分で考え，作り，みずからの言葉でしっかりと語りかけるようにしましょう。

◆思いを共有する貴重な機会

　いかがでしょうか。歴史に残る名スピーチにはかならずその理由があります。なぜ人びとの魂を揺さぶるのか，なぜ情熱をたぎらせ，行動を促し続けるのか，そうしたことを考えながら，いくつかの歴史的な名スピーチに接してみようではありませんか。

　スピーチは，歴史上の人物や世界のリーダーにのみ許された特権ではありません。私たちも多くの人たちとなんらかの関わりをもつときがかならずやってきます。

　スピーチはたんに英語の表現を覚えるだけのものでも，修辞法を学ぶだけのものでもありません。それは，真剣に考え抜いた心からのメッセージを言葉と身体のすべてを使いながら聴く人に伝え，共感を得ることができる，人生の一大イベントでもあるのです。

　人前に立つと，顔がまっ赤になるとか頭のなかが真っ白になってしまうとかいってスピーチを嫌う人が多くいます。しかし，スピーチは多くの人びとと思いを共有できる貴重なコミュニケーションの機会ととらえれば，おのずと取り組み方は違ってくるのではないでしょうか。

　みなさんも，ぜひスピーチをこのように前向きにとらえ，ご自身の歴史の新たな1ページを刻むべく大きな一歩を踏みだしてみませんか。

第3部

自分や自国を語るスピーチ

国際化社会での異文化交流

Part Three : Speeches to Talk about Oneself or One's Own Country—Intercultural Communication in an International Society

| 第3部 | 自分や自国を語るスピーチ |

第1章
趣味・特技・体験を話す
―――― 楽しくて豊かな時間 ――――

　自分の「趣味」「特技」「体験」は比較的話しやすいテーマです。なぜなら，どのスピーカーも自分についての情報はじゅうぶんにもっているからです。重要なことは，手持ちの情報をどのように構成すれば，聴衆の満足いくものに仕上げられるかです。まずは，相手の知識レベルや文化的な背景を考慮に入れて内容の選択をすることから始めましょう。

1 ――趣味・特技

　自分が深い知識をもっている話題でも，聞く側が同等の知識をもっているとは限りません。趣味や特技について話す際は，相手が興味をもつ内容を中心に話しましょう。華道や茶道といった伝統的な趣味をスピーチの題材にすると，日本文化の紹介にもなるので，外国のお客さまはたいへん喜びます。

　　　　　　＊　　　　　　＊　　　　　　＊

私は～が大好きです
　私は旅行が大好きです。美しい山や海，有名な神社や仏閣によく出かけます。

> I thoroughly enjoy traveling, and often make trips to scenic mountains and seaside areas, as well as to famous (Shinto) shrines and (Buddhist) temples.

　＊―― B as well as A は「A同様Bも」という意味です。

かわいくて，かわいくてたまりません
　私は犬を飼っています。かわいくて，かわいくてたまりません。

| I have a dog, and it's the cutest thing you've ever seen!

～を見学したことがあります

パルテノン神殿を見学したことがあります。悠久の歴史を感じます。

| I once visited the Parthenon, and felt the strong sense of history going back over so many centuries.

今度は～を計画しています

今度はアルプスのトレッキングを計画しています。体力のあるうちにと思います。

| I'm planning a trek through the Alps, and figure I'd best do it now that I have the energy (to).

～は私の生活の大部分を占めています

観劇は私の生活の大部分を占めています。とくに歌舞伎が大好きです。

| I spend a lot of time going to plays, and I'm especially fond of Kabuki.

＊― spend＋時／労力＋～ ing は、「時／労力を～に費やす」という意味になり、He spends a lot of energy studying English.（彼は英語の勉強に多大なエネルギーを費やす）のように使います。

～よりも～のほうが好きです

クラシックではベートーベンよりもモーツァルトのほうが好きです。

| As for classical music I prefer Mozart to Beethoven.

～は興味深い～です

日本の北野武はいまや興味深い映画監督の一人で、刺激的です。

| There is keen interest in the Japanese movie director Takeshi Kitano; his works are particularly stimulating.

＊― work は、「作品」という意味の場合は可算名詞として使えます。「仕事」とういう意味のときは不可算名詞です。

～さえしていられれば、満足です

一日中、本さえ読んでいられれば、もう私は満足、幸せです。

| For me spending the entire day doing nothing but reading

books is perfectly satisfying, and quite pleasant.

いつか〜をして〜してみたい

いつか自分の詩集を出版して，世に問うてみたいです。

> Someday I'd like to have a collection of my verse published and see how readers react.

＊—「自分の詩集を出版する」は，上の文例のように使役動詞 have を使って have＋モノ＋過去分詞の形にするか，publish a collection of my verse とします。

〜をコレクションしています

私は世界のすてきな民芸系の陶器をコレクションしています。

> I have a collection of fine folk pottery from all over the world.

最近，〜に挑戦しています

最近，サーフィンに挑戦しています。若い者と同じくらいやれることがわかりました。

> Recently I've been competing in surfing, and have found that I can surf just as well as younger people.

若いときから〜を楽しんでおります

とくにうまいわけではありませんが，若いときからテニスを楽しんでおります。

> Though I'm not especially good at it, I've played tennis since I was a youngster.

私は〜の会員です

私は20数年来のカントリー・クラブの会員です。

> I've had a membership in the golf club for the past some twenty years.

〜を咲かせ，〜を飾っています

庭には四季折々の花を咲かせ，部屋には生花を飾っています。

> I have flowers that bloom all year long in my garden and decorate my room with fresh flowers.

〜が高じて，〜をやっています

若いころからのそば好きが高じて，いまはそば会席の店を経営しています。

> I've loved buckwheat noodles ever since I was young, and now I run a "kaiseki" noodle shop.
>
> *―「〜のころからずっと〜だ」は have＋過去分詞＋since で表わします。このように現在完了形を使うとき，since 以下は過去形にします。たとえば，「子どものころから彼を知っています」は I have known him since he was a kid. となります。

2―忘れ得ぬ体験

そのときどきの光景が鮮明に伝わるようなくふうをしましょう。たとえば，会話は登場人物ごとに声のトーンやピッチに変化を加えてみてはどうでしょうか。また，両手をいっぱいに広げて大きさや広さを表現したり，汗を拭くポーズで苦労したようすを表現したりと，ジェスチャーをうまくスピーチに導入してみてください。

　　　　　　＊　　　　　　＊　　　　　　＊

〜を通じ，異文化をもつ人びとと出会いました

国内や海外でのビジネス経験を通じて，異なる文化をもつ広い範囲の人びとと出会い，もっとも重要な言語を学びました。

> Through my experience in business at home and abroad I have learned the most important language by meeting a wide range of people from different cultures.

子どものころから外国語が〜です

子どものころから，私は外国語が苦手でした。

> From childhood, I have been a poor student of foreign languages.

〜語はいつも落第点でした

学生時代に英語，スペイン語，フランス語に接しましたが，いつも落第点

ばかりでした。

> Throughout my education, I have been exposed to languages such as English, Spanish, and French, but I flunked all these classes.
>
> ＊— be exposed to ～は「～に接する，～にさらされる」。また，flunk は「失敗する」の意味で，He flunked out of school.（彼は学校を退学させられた）のように用います。

道に迷ったときは恐怖でした

雨のなか，南アルプス登山で道に迷ったときの恐怖は忘れられません。

> I'll never forget the time when I was mountain climbing in the Southern Alps, and how afraid I was when I lost my way during a rainstorm.

やさしい言葉に励まされました

知人のやさしい言葉にどんなにか励まされ，おかげでがんばれました。

> I was quite encouraged by the kind words of my friend, so now I am all the more determined.

挫折がいまや生きる糧です

あのときの挫折がいまや生きる糧になっております。

> It was the setback that I experienced back then which still serves to keep me going even now.

あの〜体験がいまの支えです

苦しかったとはいえ，あの闘病体験がいまの支えです。気持ちの基礎にあります。

> As painful as it was, the experience of having fallen ill still gives me strength; it is something that is fundamental to my feelings.
>
> ＊— fall ill は「病気になる」という意味です。

すてきな笑顔は救いです

仕事に行き詰まったとき，子どもたちのすてきな笑顔は私にとって救いでした。

> When I get to the point where I just don't feel that I can go on with my work, I find a great source of solace in the lovely, smiling faces of the children.

～を経験してはじめて～を知らされます

子育ての苦労を経験してはじめて，親のありがたさをしみじみと知らされました。

> It's my first experience in raising a child, so it has taught me what being a parent really means.
>
> *— what being a parent really means は，What does a being a parent really mean? の間接疑問文です。

売上日本一を～できました

おかげさまで，わが支店は売上日本一の栄誉を勝ち取ることができました。

> Thanks to all of our loyal customers, we succeeded in having been awarded national first prize in sales.

アメリカ留学は～な体験でした

10代でのアメリカ留学は不安でしたが，国際感覚の必要に気づく貴重な体験でした。

> When I was an exchange student in the US, as a teenager, I experienced some stress, but it turned out to be an important experience for me, in that I realized the importance of appreciating the need for an international outlook on life.
>
> *— appreciate には「感謝する」という意味以外に「～の真価を認める」の意味もあります。「～に気づく，～の必要を認める」は appreciating the need for ～で表わせます。

～以来，～感覚を身につけました

自動車で追突事故を起こして以来，私は危険感覚を身につけました。

> Ever since the time when I was rear-ended, I've become more aware of danger.

〜と言われた〜は忘れられません

初出勤の日,「貧乏人はからだが資本だよ」と母から言われた言葉は忘れられません。

> I've never forgotten the words of my mother, who said "For poor people their body is their capital," on the first day of my work.

〜の体験がいまの仕事につながっています

学生時代のボランティア活動が刺激的で,その体験がいまの仕事につながっています。

> The volunteer work I did when I was a student has been a stimulus for me: the experience has influenced me in my present job.

〜のとき,じつは扉は開かれる

仕事でも人生でも,打つ手がすべてなくなったとき,はじめて扉は開かれるという気がしませんか。

> Whether in work or in life, when you're down and out, don't you feel that some possibilities tend to open up?
>
> *— down and out は,「(金銭,希望などに) 見放されて,落ちぶれて」という意味です。

〜が私の人生のすべてです

「みんなが同じでなくてもいいんだよ」と言ってくれた父親の言葉が私の人生のすべてです。

> My father's words, "There's no reason for everyone to be exactly the same" have inspired me in my own life.

旅の醍醐味は〜です

旅の大いなる醍醐味は,予想外のものに出会うことだと思います。

> For me, what really makes travel interesting is the discovery of the unexpected.

3—感動した体験

　怒りや寂しさといった感情は，angry や sad といった形容詞を用いて簡単に表現できます。しかし，さらに英語力がついてきたら，そのときどきの情景をいくつかのフレーズを組み合わせて再現してみてはいかがでしょうか。聴衆の心を動かすことができれば，そのスピーチは成功と言えます。

＊　　　　　＊　　　　　＊

～に思わず涙を流しました
行方不明だった親子の30年ぶりの再会に思わず涙を流しました。
> I could not hold my tears back, when I heard the news that she was reunited with her child, who had been missing for 30 years.
> ＊—reunite は「再会する」という意味の動詞です。名詞は reunion で，family reunion（家族の再会），class reunion（クラス会）のように使われます。

～は感動的でした
その映画のラスト・シーンは画面も音楽も美しく，感動的でした。
> In the final part of the film the scene and the music were beautiful and touching.

～に合格できて最高です
念願の資格試験に合格できて最高です。苦労が報われた瞬間でした。
> Passing the qualifying examination that meant so much to me was absolutely wonderful; it was a moment when I felt that I'd been rewarded for all of my efforts.

～できず号泣しました
あんなに練習したにもかかわらず初戦敗退。もう，号泣しました。
> At my first defeat after having practiced so hard, I broke out in tears.

～は忘れられません
あのホール・イン・ワンは生涯，忘れられません。奇跡としか言えません。

> A hole-in-one is something I will never forget; the only thing you can call it is a miracle.

～はかなりきつく，辛かったです

職場での誤解にもとづく陰口に囲まれ，私はかなりきつく，辛かったです。

> Misunderstanding at work had everyone talk about me behind my back. It was just awful!

～はいままでいちばん悲しいできごとでした

大親友の不慮の事故死はいままででいちばん悲しいできごとでした。

> I still grieve over the untimely death of my great friend.

さすがに怒りがこみあげてきました

畏怖していた先輩に約束を破られ，あのときはさすがに怒りがふつふつとこみあげてきました。

> When I had an older friend who I was in awe of break a promise, I couldn't but get angry.

～して～，当時はふさぎこむ以外ありませんでした

進学にも就職にも失敗してお先真っ暗，当時はふさぎこむ以外ありませんでした。

> Bad news at school ― bad news at work. I couldn't do a thing but mope.
>
> *― mope は「ふさぎこむ」。couldn't do a thing but mope の but は前置詞で，「～を除いて」という意味です。

～の末，～したときはうれしくて小躍りしました

1年にわたる闘病の末，医師に全快を知らされたときはうれしくて小躍りしました。

> I was overjoyed when the doctor gave me a clean bill of health after I had struggled against the illness for a year.

もう，これ以上がまんできません

冗談とはいえ，破廉恥です。もう，これ以上がまんできません。

> You may just be kidding but I think it's disgraceful, and I won't put up with it anymore!
>
> *— put up with ～は「我慢する」という意味です。stand を使って, I won't stand it anymore. とも言えます。

ショックをお察しください

頼りにしていた部下を失ったことは大きな痛手でした。ショックをお察しください。

> Losing a trusted employee like that was quite a blow; just imagine how shocked I was!

まったく予想外, ビックリしました

フォト・コンテストで入賞するなんて, まったく予想外, ビックリしました。

> It was quite a surprise for me to win an award in the photo contest; I just couldn't get over it!

～したときは驚きでからだが震えました

社長に「後継はきみに頼む」と言われたときは, 驚きでからだが震えました。

> When the boss told me that I'd be the one to take over his position, and I was so surprised and I was shaking like a leaf!

～の感動を噛みしめております

いま, 好きな仕事と出合え, なし終えた感動をしみじみと噛みしめております。

> I found a job I really liked. Now that I have completed it, I feel a keen sense of accomplishment.

◆サンプル・スピーチ ⑬

Strange Experience during Trip
——impressive experience of the trip to Ethiopia
by a Japanese woman——

Ladies and Gentleman

① How many of you have been to Ethiopia? Please raise your hands. I have assumed that not many have traveled there from Thailand, but this vacation trip with my husband was one of the most memorable visits I have ever made. Known as the land of the world's seven mysteries, Ethiopia, is known for the Blue Nile, the land of top marathon runners from Addis Ababa, the tall steles in Axum, and of course, for Lalibela.

② The latter is a true mystery to all. 11 monasteries and churches were carved out of the crags and rocks, as well as deep into the underground. The different architectural masterpieces were built in 12 years, holding the same fascination as the Pyramid in Egypt. The Ethiopians told the tourists that Lalibela was built during the day by men but at night, the Black Angels came to assist. I was truly impressed by the mystical grandeur of these buildings, and the ancient rites of the Coptic Christian priests chanting prayers.

③ As everybody knows, in my country, Japan, the green powder tea ceremony is a preserved tradition. Similarly, Ethiopia is known for its coffee ceremony. Every woman is trained to serve coffee, starting with the roasting of the green coffee beans, then, mashing and grinding to fine powder, and boiling in hot water. In small cups, the rich aroma of the coffee can be enjoyed 3 times, a custom for serving this delicious, dark coffee.

④ The fun of traveling is finding surprising similarities amidst the differences in terrain, language, religion, and culture. I certainly recommend this country to those Thais, who wish to have a bit of adventure, because they even have the custom of bowing.

旅行先での不思議な体験
――日本人女性によるエチオピア旅行の感動――

みなさん，こんにちは。

① みなさんのなかで，いままでにエチオピアを訪れたことがあるというかたいらっしゃいますか。ちょっと手をあげてみてください。おそらく，タイからエチオピアへ行かれたことのあるかたはそう多くはないと思いますが，私が今回，夫と行ってまいりましたエチオピア旅行は，これまで経験したなかでもっとも思い出に残る旅でした。世界七大秘境の一つに数えられるエチオピアは，青ナイル川や，首都アジズ・アベバから輩出される世界有数のマラソン選手のほか，世界一の高さを誇るアクスムの石柱や，かの有名なラリベラの岩窟教会群で知られています。

② なかでもラリベラはまさしく神秘に包まれた場所で，険しい岩山の岩盤を彫り抜いて造られた11の修道院と教会が，地下深い場所にあります。そのみごとな建造物はそれぞれ12世紀に造られたもので，エジプトのピラミッドにも似た魅力をたたえています。地元の人びとの話によると，ラリベラの建造物は「昼間は人間が工事をし，夜になると黒い天使たちが舞い降りてきて手を貸した」のだそうです。私はその神秘的で荘厳な建造物と，そこで古くからの儀礼にのっとって祈りの言葉を唱えているコプト教の聖職者たちの姿に，心から感銘を受けました。

③ さて，私の国・日本にはみなさんもご存知のように「茶の湯」の伝統が受け継がれています。これと同じように，エチオピアにはコーヒー・セレモニーというものがあります。エチオピアの女性たちはみな，コーヒーの入れ方を習得しています。手順としましては，まずなまのコーヒー豆を煎り，すりつぶして細かい粉末にしたのちにお湯で沸騰させます。そして，小さなカップに注いでもてなします。その後，2度水を足して沸騰させるのをくり返し，コーヒーの芳醇な香りを3杯ぶん楽しみます。これが，味わい深く濃厚なコーヒーをいれるための作法なのです。

④ 旅の醍醐味の一つに，異なる土地や言葉，宗教，文化のあいだで意外な類似性を見つけることがあると思いますが，私はタイのみなさんにも，ちょっとした冒険心をおもちのかたには，ぜひエチオピアを訪れることをおすすめします。エチオピアにはお辞儀の習慣もあるのですから。

◆サンプル・スピーチ⑭

Anecdote about My Parents' Marriage
——miraculous encounter of a man and woman——

Ladies and Gentleman

① Do you believe in miracles? I do. Every time my parents told me how they met, I felt shivers down my back. Their story is the miracle of love.

② My second generation Japanese-American, Nissei father, Fred Toshio Sado, fell in love at first sight with my Japanese mother, Chieko Akashi, when they bumped into each other on the elevator of the GHQ building in Hibiya where the U.S. Occupation Forces had their office in 1946.
③ My father was one of the Military Intelligence Servicemen, an interpreter, under General McArthur.

④ My father told me he saw this beautiful young Japanese woman, alone, in the elevator coming down from a roof garden party, in which drinking and dancing to a lively swing band was taking place.
⑤ He kindly informed her that all other stops were "Off Limits" in Japanese except for the lobby floor and insisted that he escort her back, since walking home at night might not be as safe for a single woman.
⑥ My mother thanked him but said she could manage alone.
⑦ She had to return home earlier than her friends, because her widowed mother was waiting for her.

⑧ Fred felt even more the need to protect her. He really insisted that she should allow him to escort her back safely to her mother, to which she finally gave in.
⑨ Then, he gave his name and started to tell about his Japanese-American life, which he told her was not like what one saw in the Hollywood films.

わが両親の結婚秘話
――男と女の奇跡のような出会い――

みなさん，こんにちは。

① みなさんは奇跡を信じますか？　私は信じます。私は自分の両親がどのようにして出会ったかという話を聞くたびに，思わず身震いを覚えます。それはまさに愛の奇跡の物語なのです。

② 私の父，フレッド・トシオ・サドは二世代目の日系アメリカ人，すなわち「二世」です。父は1946年，アメリカ占領軍が所有していた日比谷のGHQビルのエレベーターで，日本人である私の母，明石千恵子と出会い，ひと目で恋に落ちました。

③ 父はそのとき，軍情報部の職員であり，マッカーサー元帥のもとで通訳の仕事をしていました。

④ その日はGHQビルの屋上で，陽気なスイング・バンドの演奏に合わせて飲んだり踊ったりするガーデン・パーティーが行なわれていました。父の話によると，その屋上から降りてきたエレベーターに，若くて美しい日本人の女性がたった一人で乗っていたとのことです。それが母でした。

⑤ 父は親切心から，1階以外はすべて立ち入り禁止区域となっていることを日本語で説明し，若い女性が夜に一人で歩いて帰るのは危険なので，自分が家まで送っていくと申し出ました。

⑥ 母は父に礼を言い，一人で大丈夫だと言いました。

⑦ 母は，夫を亡くした自分の母親が待っているので，ほかの友だちよりも早く家に帰らなくてはならなかったのです。

⑧ 父はそれを聞いて，ますます母を守らなくてはいけないと感じました。父は，自分が母を家まで安全に送り届けることを認めるよう強く主張し，最後には母が折れました。

⑩ My mother listened with deep interest about his family being interned at Camp Tule Lake from where he had enlisted, though he was afraid of fighting his real younger brother, who was adopted by his grand uncle's family in Hokkaido.
⑪ My mother gazed at his kind, benign face and knew she could trust him.
⑫ After walking through Ginza towards Tsukiji, my mother thanked him and said good-by.
⑬ My father got her name and that her family ran a small restaurant near Ginza.

⑭ It took him another 6 months to search every restaurant in Ginza and Tsukiji, looking for her, but he finally located and instantly asked permission to my grandmother for him to court Chieko with the intention of marriage.
⑮ My father said that never in his life was he so excited and happy to finally find the woman of his dreams! He never gave up!

⑨　そこで，父は名前を名乗り，自分の日系アメリカ人としての人生について語りはじめました。父が母に話したことは，ハリウッド映画に出てくるような華やかなものではありませんでした。
⑩　家族と共にツールレイク日本人抑留キャンプに収容され，そこで軍隊に入ったこと，そして，北海道に住む大叔父の養子となっていたじつの弟と戦うことになるのを恐れていたことなど，母は父が話すことをとても興味深く聞いていました。
⑪　母は父のやさしく，温和な顔をじっと見つめ，父のことを信頼できる人だと感じました。
⑫　築地方面に向かって銀座を抜けたとき，母は父に礼を言い，別れを告げました。
⑬　父は母の名前と，母の家族が銀座の近くで小さなレストランを経営しているということだけ聞き出しました。

⑭　それから半年間，父は母を尋ねて銀座と築地のレストランを探しまわりました。そして，ついに探しあてると，すぐに私の祖母である母の母親に向かって，母との結婚を前提とした交際を認めてくれるよう頼んだのでした。
⑮　父は言っています。これまで生きてきたなかでも，やっとのことで理想の女性を探しあてたあのときほど幸せで胸が高鳴る瞬間はなかった，と。父はけっしてあきらめなかったのです。

第3部　自分や自国を語るスピーチ

第2章
感想・意見・主張を述べる

——暮らしの習慣と私見——

　自分の主義や見解，感想などをテーマにスピーチを行なう場合は，「自分よがりなスピーチ」にならないよう気をつけなければいけません。聴衆のバックグラウンドや興味・関心にじゅうぶん配慮して話す内容やレベルを調整することがたいせつです。

1——日常生活

　トップ・エグゼクティブが私生活を題材に教訓を述べることがあります。これはけっして公私混同ではありません。むしろ，仕事場とそれ以外の場所とで異なった考えをもつことのほうがむずかしいのですから，当然のことと言えます。また，日常生活の話題は観衆にとってもなじみやすいものです。

　　　　　　　　＊　　　　　　　＊　　　　　　　＊

好きな食べものは〜です

　私は肉も魚も野菜もよく食べます。とくに大好きな食べものは天ぷらです。

> I often eat meat, fish, and vegetables; I'm especially fond of tempura.
>
> ＊——「大好きな食べものは」は my favorite food is 〜と言ってもよいでしょう。my favorite season is 〜（大好きな季節は〜），my favorite color is 〜（大好きな色は〜）のように使えます。

デザートは〜が一番です

　デザートにはフルーツが何よりも一番です。柑橘類なら，大満足です。

> For dessert nothing beats fruit. I find citrus fruit really satisfying.

自慢の〜を〜します

いつか私の自慢のケーキをご馳走します。楽しみに待っていてください。

> Sometime I'll make you the cake I'm so proud of; I'm sure you'll like it.

家族と〜を心がけています

月に1回は家族と夕食を楽しむように心がけています。会話がはずみます。

> I look forward to having supper with the family once a month; we have such pleasant conversations.

〜は〜ですが，〜ではありません

お酒は好きですが，強くはありません。煙草は吸いません。

> I like to drink, but I can't overdo it. I don't smoke.

〜を好んで着ています

私は，カラフルで着やすいカジュアルなものを好んで着ています。

> I like to wear colorful, comfortable, casual clothes.

〜ですが，〜を楽しんでいます

ささやかな畑ですが，家庭菜園を楽しんでいます。いま，ナスが盛りです。

> It's not very big, but I enjoy my little vegetable patch. Eggplant is especially plentiful now.

妻が〜で，私が〜です

わが家では，世間とは反対に妻が会社に勤め，私が家事をしています。

> Unlike in most families, my wife works for a company, and I stay at home and do the housework.
>
> *—「主夫」は housewife（主婦）に対して househusband と言います。

○時に床につき，○時に起きます

夜は11時ごろに床につき，朝は6時ごろに起きます。早寝早起きが習慣

です。
> I turn in at eleven in the evening and get up at six in the morning; early to bed and early to rise is a habit with me.

休日には～をしています
休日にはたいてい仲間と好きなゴルフに出かけます。ハンディは13くらいでしょうか。
> Whenever I have a day off, I usually enjoy a round of golf with friends. My handicap is around thirteen, I believe.

夫婦で～をしています
もうシニアの夫婦ですから，休暇には二人で秘湯めぐり。森林浴やトレッキングも好きです。
> We're an elderly couple so, when we go on vacation, we visit lesser-known hot springs. We are quite fond of forest bathing and trekking.
>
> ＊―「お年寄り」と総称するときは，old people と old を使うよりも，elderly people, senior citizen, the aged などを使います。

～がわが家のモットーです
趣味を楽しみ，「スロー・スリム・スモール」がわが家のモットーです。
> I enjoy my free time: slow, nothing expensive, everything in a small way; that's the way I like to explain it.

2世帯住宅に～と暮らしています
われわれ夫婦は2世帯住宅に息子の家族と一緒に暮らしています。
> My wife and I live in a duplex with our son and his family.

かなり健康だと思っています
たまに風邪をひくくらいで，かなり健康だと思っています。食欲もあります。
> Though I do catch cold on occasion(s), I'm in pretty good shape, and I have a good appetite.
>
> ＊―「体調がいい」は be in good shape，「体調が悪い」は be in bad shape で

す。

2―政治・社会

政治や社会情勢について自分の考えを述べる場合は，聴衆の考えも考慮して注意深く話すことが必要です。これらのテーマについては異なった理念をもった人が多く，どの意見が正しいかを判断するのがむずかしいからです。

＊　　　　＊　　　　＊

〜の問題について意見を述べます

いま，日本で起きている少子化の問題について私の意見を述べます。
> I'd like to address the problem of smaller and smaller families that Japan is facing today.

〜が〜問題を生み出しています

長引く不況が失業者問題を生み出しています。その状況は深刻さを増しています。
> The prolonged recession has created an unemployment problem, and the situation is becoming increasingly acute.

〜の理由を探ってみましょう

なぜ日本はこんなにも物価が高いのか，その理由を探ってみましょう。
> Why is it that prices are so high in Japan? We should try to determine the causes for this.

最近，〜が変化しています

最近，女性の社会進出がめざましく，役割も多様化し，変化しています。
> Women have been making significant strides in society of late. The number of roles they are filling has increased. Change is in the air.

いまや〜できません

日本は男性優位の国でしたが，いまやその保守的な考えは維持できません。
> Japan used to be a man's country, but no one goes along with

such a conservative idea anymore.

＊──「かつては〜であった」と過去の習慣を言うときには，used to＋動詞を使います。たとえば，「彼は昔，会計士をしていました」は He used to be an accountant. となります。

〜は〜を反映しているといえます
コマーシャルは社会の側面を巧みに反映していると言えます。
| Commercials accurately reflect the essence of society.

〜を必要としているが，まだまだ〜です
ゴミ問題は抜本的な対策を必要としていますが，行政の努力はまだまだ不十分です。
| The problem of trash collection requires a radical solution, and the powers that be have yet to come to grips with it.

＊──「ごみ」を表わす単語には，trash, refuse, garbage（なまごみ）などがあります。アメリカでは「ごみ収集車」は garbage truck と言います。また，powers that be は「当局」「首脳陣」「時の権力者」などの意味です。

〜するためには，〜は必要不可欠です
国民の需要を満たすためには，原子力エネルギーは必要不可欠と言えます。
| It is said that nuclear energy is absolutely necessary in meeting the needs of citizens.

〜するには〜が必要です
ベンチャー・ビジネスを立ち上げるには多くの支援が必要です。
| To dare to set up a venture business requires a lot of backing.

〜すると，〜するにちがいありません
消費税をあげると，消費者の購買意欲の低下を招くにちがいありません。
| Increasing sales tax is sure to put a damper on spending.

〜のあいだに政治への無関心が広がっています
若者のあいだに政治への無関心がどんどん広がっていて，それは選挙の投票率にも表われています。

> Indifference to politics is spreading among the younger generation, as has been made clear by the number of ballots cast in elections.
>
> ＊— be indifferent to ～は「～に無関心である」という意味です。ballot は「投票総数」です。

～するためにも～すべきです

国内市場を活発にするためにも，高額なブランド品を買い漁るような愚はやめるべきです。

> In order to activate the nation's markets, we've got to dissuade shoppers from continuing to buy expensive, branded articles.
>
> ＊—「～しないように勧める」は dissuade＋人＋from＋ing を使います。「～するように説得する」は persuade＋人＋into＋ing。

～は社会不安の表われといえるでしょう

ホームレスが増加していると思いませんか。それは社会不安の表われといえましょう。

> Have you noted the increase in the number of homeless people? I think this shows a lack of stability in society.

～の活動は～の役割を果たしています

環境保護団体の活動は世界の自然と社会の環境を守るために大きな役割を果たしています。

> Environmental protectionist group activities play an important role in preserving nature and social environment.

～は多大な影響を与えます

石油の高騰は経済に多大な影響を与えますので，その利権をめぐって戦争さえ起きます。

> The sudden rise in the price of oil has an enormous impact on the economy, and the question of vested rights is the cause of war.

3—教育・福祉

国家を比較する際に，教育や福祉のありかたについて述べる人が多いようです。国家間でこれらの政策に大きな差があるからです。比較をする場合は客観的に事実を述べ，相手の国を批判するような表現は避けましょう。

　　　　　　　＊　　　　　＊　　　　　＊

困難な〜こそが〜を育てます

困難で辛苦な経験こそが柔軟で幅広い考えを育てます。だいじなのはプラス思考です。

> Having learned from bitter experience teaches us to be flexible and broad-minded; the most important of which is positive thinking.

塾通いに追われ，〜する暇もありません

子どもたちは塾通いに追われ，友だちと遊んだり，スポーツをしたりする暇もありません。

> Kids forced to attend cram schools all the time have no chance to play with their friends or engage in sports.

> ＊―「塾」は cram school と訳しますが，そのまま juku school と言って説明を加えてもよいでしょう。cram は「詰め込む」という動詞で，cram for the final（期末のために猛勉強する）のようにも使います。

最近，〜の傾向があります

最近，一人っ子が増え，子どもは甘やかされ，わがままに育てられる傾向があります。

> Nowadays the single-child phenomenon is on the rise, and kids tend to be raised in a way that makes them spoiled and selfish.

教育費がかかりすぎます

日本の教育費はかかりすぎます。子どもが3人いたら，経済的な負担はたいへんです。

> Education costs run high in Japan. It is quite a burden for

families with three children.

勉強したいシニアが増え，〜が盛況です

勉強したいシニアが増え，大学の公開講座や市民大学がかつてなく盛況です。

> The number of senior citizens taking courses is increasing; university lectures open to the public and citizen study groups are on the rise.

英語教育の重要性が増しています

国際化社会になり，英語教育の重要性がますます増しているのに，日本は遅れています。

> Though the importance of English language education is being stressed in the movement to internationalize community, Japan is lagging.

＊—lag は「遅れる」。jet lag と言うと，「時差ぼけ」の意味です。

子育てには〜が必要です

子育てには学校と家庭と地域の緊密な連携が必要です。とりわけだいじなのは家庭です。

> Bringing up children properly requires close co-operation among schools, the families and the community. Of prime importance is the family.

＊—「子どもを養育する」には bring up のほか，raise も使えます。

教えるのではなく，〜が大事です

おとなが「教え育てる」のではなく，子ども自身が「学び育つ」視点が肝要です。

> The approach whereby adults raise children by teaching them is wrong; they should bring them up so that they learn on their own.

〜で，〜の心が育ちます

老人や病人と交流することで，子どもたちにやさしさや思いやりの心が育ちます。

> By being in contact with the elderly and those who are ill, children learn something about love and compassion.

知識が〜でも，知恵が〜とは限りません
たとえ知識が多くても，知恵があるとは限りません。学歴ではなく，学力です。

> Being knowledgeable does not necessarily mean that one is wise. The ability to learn is more important that an academic record.

これからは〜の充実が急がれます
これからは高齢者をサポートする社会的なシステムの充実が急がれます。

> The priority now is to strengthen the social system of support for the elderly.

年金や介護の改善を要求すべきです
年金や介護など社会福祉の改善を要求すべきです。これは高齢化社会の課題です。

> Improvements should be made in the pension system and social welfare such as nurcing care. It is a major issue in an aging society.
>
> *—「高齢化社会」は aging society,「高齢者」は the aged と言います。age には「年をとる」という動詞の意味もあります。

障害をもつ人たちの〜は，〜にとっても〜です
障害をもつ人たちの「生きやすい社会」は，だれにとっても「生きやすい社会」です。

> A society in which disabled people can live comfortably is one in which anyone can live comfortably.

4—文化・科学技術

外国人による弁論大会で「日本文化」について語られることがあります。その内容を聞くと，中から見る日本と外から見る日本とでは見え方が異なる

ことに気づくでしょう。自国の文化を語る際は，考えを押しつけるのではなく，一つの受け止め方として説明するとよいでしょう。

＊　　　　　＊　　　　　＊

日本料理は〜です

日本料理は，素材選びにしても調理法にしても季節の移り変わりを愛でる見事な料理です。

> Japanese cuisine is excellent; it is based on the careful selection of materials, painstaking preparation, and an appreciation of seasonal ingredients.

〜の普及が〜に大きな影響を与えています

テレビ・携帯電話・コンピュータの普及が日本の社会や文化，日本人の考え方に大きな影響を与えています。

> The spread of TV, portable telephones, and personal computers has an enormous impact on the culture and society of Japan, and on the way the Japanese think.

文化財が数多く残されています

荘厳な寺院，瞑想する仏像など，日本には木造による文化財が数多く残されています。

> A great deal of the wooden cultural treasures of Japan have survived through the ages in such things as the solemn Buddhist temples and sculpture, so suggestive of meditation.

世界に誇れる職人技術の伝統があります

陶芸・染物・織物など，日本には世界に誇れる職人技術の伝統があります。無形文化財です。

> There persists the tradition of the skills employed by Japanese craftsmen in the fields of ceramics, dyeing, and textiles that is a source of pride throughout the world. This is known as intangible cultural property.
>
> ＊―「無形文化財」は intangible cultural properties。また，「有形文化財」は

| tangible cultural properties です。

～は日本を代表する舞台芸術です

能や狂言，歌舞伎や浄瑠璃は日本を代表する伝統的な舞台芸術です。

> The noh theater, kyogen, kabuki, and joruri, or 'ballad drama,' are typical examples of traditional theater arts of Japan

～は日本人特有の精神世界をつくっています

茶道や華道，柔道や剣道は日本人特有の精神世界を形づくっています。

> Tea ceremony, the art of flower arrangement, judo, and kendo are representative of the unique expression of the Japanese spirit.

日本の自然は～で，～は見事です

日本の自然は四季折々に美しい姿を見せ，とくに春の桜，秋の紅葉は見事です。

> The changing of the four seasons in Japan, presents a lovely spectacle: the cherry blossoms in the spring and the red maples in the autumn are especially lovely.

日本には世界に誇る～技術があります

日本には世界に誇るロボット技術があり，その進歩はいちじるしく急速です。

> Japan possesses world-class robot technology, which is progressing with amazing speed.

ハイテクは～していますが，ローテクも～です

日本のハイテクは高度に進歩していますが，それを支えるローテクもすばらしい。

> Japan's high tech is making great strides, and the supporting low tech is also superb.

最新の～に対する関心が高まっています

臓器移植や生殖医療など，日本でも最新の医療技術に対する関心が高まっています。

> Medical technology related to organ transplant and fertility treatment has elicited a great deal of interest, also in Japan.

＊──「移植」はtransplant,「臓器移植」はorgan transplantです。

このまま〜が進むと，〜する可能性もあります

このままコンピュータ化が進むと，日本の社会から商店や銀行がなくなる可能性もあります。

> If computerization continues to expand as it has to date, it is wholly possible that stores and banks will disappear from Japanese society.

〜が合法化されると，〜が起こるだろうか

日本でも，人間の遺伝子操作が全面的に合法化されると，どんな変化が起こるだろうか。

> If human genetic engineering were unconditionally legalized within Japan, I wonder what kinds of changes would be brought about.

＊──geneticはgene（遺伝子）の形容詞で，genetic engineeringは「遺伝子操作，遺伝子工学」です。また，legalizeは「合法化する」という動詞で，形容詞はlegal（合法の）。逆に，「不法な」はillegal。I've got an illegal ticket.（駐車違反で捕まった）などと用います。

安楽死は〜です

日本ではまだ安楽死は認められていませんが，末期ガンの苦しみは尋常ではありません。

> Euthanasia is not yet legal in Japan, but given the excruciating suffering of patients with terminal cancer is terrible.

衛星放送のおかげで〜することができます

衛星放送のおかげで，いまや世界各地のようすをリアル・タイムで見ることができます。

> Thanks to broadcasts via satellites, we are now able to see what's going on around the world in real time.

第2章　感想・意見・主張を述べる

◆サンプル・スピーチ ⑮

Japanese Traditional Arts
——spirits and way of Kabuki, Noh, flower arrangement and green tea ceremony——

Ladies and Gentlemen

① I am very pleased to speak to all of you, who are from all over the world living in Japan, about the incredible traditional arts and culture of Japan.
② Because I was born in a family of kabuki actors, I have big interest in traditional arts.
③ The beautiful spirit that is hidden in each of the disciplines[*1] is almost becoming forgotten among the old and the young[*2], because it takes painstaking effort and trials to learn each of the flow of movements, whether this is flower arrangement, green tea ceremony, Japanese classical dance and music, taiko drumming, martial arts, Noh and Kabuki Theater, archery, or calligraphy.

④ The traditional arts are all characterized by the use of the word, "Doh," meaning "Path or Way."
⑤ Therefore, sadoh is the path or the way of green tea. Kadoh is the path or the way of flowers. Shodoh is the path or the way of calligraphy. Kendoh is the path or the way of the swords.
⑥ Path or Way symbolizes[*3] the journey in life, using the metaphor[*4] of the art or culture.
⑦ It is a process that keeps us growing deeper in spirit, aiding us to reach more inner peace and better focus in our life.
⑧ By enjoying these arts and culture, we are able to center and feel in harmony within ourselves and with others.

⑨ These arts teach us how to associate with the person who is more knowledgeable[*5] often referred[*6] to as a master, as well as with those who have

日本の伝統芸術
——歌舞伎や能，華道や茶道の精神と様式——

みなさま，こんにちは。

① このたびは，日本のすばらしい伝統芸術や文化について，日本で暮らしておられる世界各国のみなさまのまえでお話できることをたいへんうれしく思います。
② と申しますのも，私は代々，歌舞伎役者の家に生まれたため，伝統芸術に非常に関心をもっているからです。
③ 修練の一つひとつに秘められた美しい精神は，いま，年配のかたがたや若い人たちのあいだでほとんど忘れ去られようとしています。華道，茶道，日本舞踊や日本古典音楽，太鼓の演奏，武道，能や歌舞伎の劇場所作，弓道，書道。これらのすべてにはそれぞれ独特な動作の流れがあり，それを習得するには骨身を削るような努力と試練がつきものである，というのがその理由でしょう。

④ 伝統芸術は，すべて「道（どう）」という言葉が使われていることが特徴です。「道（どう）」とは，「道（みち）」あるいは「様式」といった意味です。
⑤ すなわち，茶道は茶の道あるいは様式です。華道は花の，書道は文字の，そして剣道は剣の道，あるいは様式なのです。
⑥ 道，あるいは様式というのは，人生における旅を象徴しており，芸術，あるいは文化における隠喩です。
⑦ それは，私たちを精神の奥深くへと導いていく過程であり，私たちが内面的な平安に達し，より人生の核心に近づいていくのを助けてくれるものです。
⑧ これらの芸術や文化を享受することによって，私たちは自分自身のなかで，そして他者との関係において調和を感じ，調和の中心点を見出すことができるのです。

⑨ また，これらの伝統芸術においては，名人とも称されるような，その世界に精通した人や，自分よりさき，あるいはあとにそれを学んだ人との関わりかたを学ぶことができます。

studied before us and after us.

⑩ It is a microcosm*7 of a larger society, teaching us intra-personal skills.

⑪ Although I am in the business world, I was able to enjoy getting to know Japanese better of all age due to*8 my studies in Japanese Classic Dance in the Kabuki style and tea ceremony.

⑫ Also when I went abroad, I could often introduce these topics to Europeans, Americans, and Asians, who all became a fan of me and consequently, of Japan.

⑬ I feel each of us can be an ambassador*9 and engage in cultural diplomacy by loving practice of any of these traditional arts.

＊1 ― discipline は「訓練，修練」という意味の名詞です。動詞も同形で，「しつける，訓練する」の意味になります。
＊2 ― the old and the young は「年配の人たちや若者たち」。the＋形容詞で複数名詞になります。
＊3 ― symbolize は「象徴する」という意味の動詞で，名詞形は symbol（象徴）です。
＊4 ― metaphor は「隠喩」。反対語は simile（直喩）です。

⑩　つまり，それはより大きな社会の縮図であり，対人関係で必要な技能を教示してくれるものなのです。
⑪　私自身はビジネスの世界に生きていますが，歌舞伎様式の日本舞踊や茶道について研究しましたので，あらゆる年代の日本人をよりよく理解する機会を得ることができました。
⑫　また，私は以前，海外へ行ったとき，ヨーロッパやアメリカ，そしてアジアの人びとに，いま，お話ししたようなことをたびたび紹介しました。すると，それを聞いていた人たちはみな私のことを好きになり，結果的には日本のことを好きになったのです。
⑬　私は，私たち一人ひとりが日本の伝統芸術を好んで稽古するようになれば，それぞれが大使となって文化外交を行なうことができるはずである，と考えています。

＊5 ― knowledgeable は「精通している」という意味の形容詞です。
＊6 ― refer to A as ～は「A を～と呼ぶ」という意味です。
＊7 ― microcosm は「小世界，縮図」。反対語は macrocosm（大世界）です。
＊8 ― due to ～は「～のために，～の結果である」という意味で，due to my carelessness（私の不注意のために）のように使います。
＊9 ― ambassador は「大使」。なお，「大使館」は embassy です。

◆サンプル・スピーチ ⑯

Social Trend of Contemporary Japan
——technical advance and moral degeneracy——

Ladies and Gentlemen

① Who does not own a mobile phone in this audience? Please raise your hands.
② I see a handful of you, who have preferred not to be swept away by this communication tool. Good!

③ I wish to discuss today the importance of integrity and ethics in owning the mobile phone.
④ At first, because of the incredible ease of use and enhancement of our lives in being able to communicate anywhere we are, I think we have become totally insensitive to others who desire not to own this important communication tool.
⑤ Unless it is used properly with integrity, this important technological invention becomes a nuisance.

⑥ Have you seen young people talking loudly on the mobile phone in a sacred cathedral or a quiet museum, where people go to seek inner peace and be enlightened by the beauty of the artworks shown?
⑦ Nothing is so irritating when we hear several young girls and boys gabbing loudly on the mobile phones without any courtesy to the feelings of people around them.

⑧ Even worst offenders are those who visit the sick in the hospital.
⑨ Despite the warnings pasted on the walls and doors of the units especially where special precise instruments and tools are found to help heart patients and others, who are seriously ill, some of the visitors forget

現代日本の社会風潮
――科学技術の進歩とモラルの低下――

みなさん，こんにちは。

① みなさんのなかで携帯電話をお持ちでないかたはいらっしゃいますか？手をあげてみてください。
② 何人かいらっしゃるようです。現代のコミュニケーション・ツールの波に流されたくないかたたちですね。なるほど，結構です。

③ きょう，私がお話しいたしますのは，携帯電話を持つ際の品位や倫理観の重要性に関することです。
④ 携帯電話が驚くほど使いやすくなり，どこにいても連絡をとることができるようになったことで，私たちの生活は向上しました。しかし，そのことで私たちは，この重要なコミュニケーション・ツールを持ちたくないと考えている人びとに対して，あまりにも無神経になってはいないでしょうか。
⑤ 品位をもって適切に使用されるのでなければ，この価値ある技術的発明もただの迷惑行為となってしまいます。

⑥ みなさんは，人びとが心の平安を求めるおごそかな大聖堂や，芸術作品の美しさに啓発される静かな美術館で，若者が携帯電話で大声で話している光景をご覧になったことがありませんでしょうか。
⑦ 若い少年少女が周囲の人へ配慮もなく，大声で携帯電話のおしゃべりに興じているのを耳にするのは，非常に不愉快なものです。

⑧ そういった人たちのなかでももっとも礼儀を欠いているのは，病院に見舞いにきている人です。
⑨ 心臓疾患やその他，重病を患っている患者さんの治療に特別な精密器械や器具を使用している医局には，窓やドアに注意書きが貼ってあります。それにもかかわらず，訪ねてくる人のなかには，携帯電話の電源を切るのを忘れて音

to switch off their mobile phones and let them ring or answer on the spot!
⑩ Also drivers using mobile phones while driving should remember the increasing number of accidents caused by a careless call on the mobile phone, making us less attentive.

⑪ What has become of common sense and ethical decency?
⑫ Now that we have less public pay phones, we have less of those cards with erotic girls or boys almost in the nude in alluring positions pasted on the telephone booths, which I am thankful.
⑬ Instead we now have incredible amount of such junk mail and calls bombarding our mobile phones.

⑭ Let us remember what the main purpose of the mobile phone is.
⑮ It is mainly to communicate publicly where the orthodox method of calling is not possible.
⑯ We do not live alone but with others. We must respect the rights of those who do not hold our same pursuit of modern technological advancement for only our own convenience.

を鳴らしたり，その場で電話に出たりする人がいるのです！
⑩　また，運転中に携帯電話を使用するドライバーは，軽い気持ちで携帯電話を使うことで注意が散漫になり，それが原因で事故の数が増加しているということを認識すべきです。

⑪　常識や道徳観念というものは，いったいどうなっているのでしょうか。
⑫　いまでは公衆電話の数は非常に少なくなりました。半裸の少年少女が誘惑するような姿勢で写っている，電話ボックス用のいかがわしい広告が少なくなったのは幸いです。
⑬　しかしその代わりに，私たちの携帯電話には途方もない量の迷惑メールや迷惑電話が殺到しています。

⑭　ここで，携帯電話を使用する一番の目的は何であったのかということを思い出してみましょう。
⑮　そもそも携帯電話は，おもに従来の方法では電話をかけることができなかった場所で連絡をとりあうことを目的としていたはずです。
⑯　人間は一人で生きているのではありません。他人とともに暮らしているのです。己の便利さのためだけに現代技術の進歩を追い求めることをしない人びとの権利を，私たちは尊重しなくてはなりません。

第3部　自分や自国を語るスピーチ

第3章
生活・仕事・人生を語る
——生きることへの信条——

　ある人材育成コンサルタントは、ビジネス・ゴルフでの心得としてつぎのことをあげています。「自分のプレーではなく、相手のプレーに専念する」「相手の私生活・ビジネスに関する話をする」。この心得はスピーチを作成する際にも役立ちます。自分の生活や仕事、人生について語る場合も、つねに聴衆が何に興味をもち、何を欲しているかを意識することがたいせつです。

1——出生・結婚・家族・健康法・子育て

　スピーカーと聴衆とが共有できる話題をスピーチに盛り込むことで、互いの距離が縮まるものです。出身地や家族に関する話は、そういった意味ではたいへん使い勝手のよいものです。聴衆の特徴を理解したうえで、どのような話題が共有できるかを決定するとよいでしょう。

　　　　　＊　　　　　＊　　　　　＊

いまは〜に住んでいますが、〜の出身です
　いまは東京に住んでいますが、もともとは富士山が美しい静岡の出身です。
　> I live in Tokyo now, but I'm originally from Shizuoka Prefecture, a place where you can see beautiful Mount Fuji.

〇年に〜で生まれました
　私は1945年に、自然が美しい安曇野という山野で生まれました。
　> I was born in 1945 in the Azumino highlands, as a place of real natural beauty.

〜で知り合い、結婚しました

私たちは職場で知り合い，恋愛結婚しました。妻は3歳年下です。

> We met at work. It was a love marriage. My wife is three years younger than I.
>
> *―「見合い結婚」なら，arranged marriage。「仲人」は go-between，または matchmaker と言います。

おかげさまで，今年，銀婚式です

おかげさまで，今年，25回目の結婚記念日を迎えました。つまり，銀婚式です。

> I am happy to say that we are celebrating our 25th anniversary this year; that is to say our silver wedding anniversary.

妻が～，私が～の夫婦です

わが家は妻がフルタイムで働き，私が家事を担当しているアベコベ夫婦です。

> We've switched roles in our home: my wife works full time and I stay at home and take care of the housework.
>
> *―「フルタイムで働く」は work full time。「パートタイムで働く」なら，work part time です。

私には～の家族がいます

私には妻と自動車メーカーに勤める息子，大学生の娘2人がいて，5人家族です。

> There are five of us in our family, my wife, my son, who works for an automobile manufacturer, and two daughters, who are in college.

～しておりますので，介護問題に関心があります

父が5年前に亡くなり，高齢の母親と同居しておりますので，介護問題に強い関心があります。

> Papa died five years ago; mama's quite old and lives with us, so I am very interested in nursing-care problem.

わが家は～を心がけ，～に気をつかっています

わが家は有機栽培による食材を使うように心がけ，健康に気をつかっています。
> At home we are very particular about using organically-grown foods, as we are concerned about our health

健康を考え，〜をしています
健康を考え，毎週末にテニス，月に1回は水泳をしています。おかげで快調です。
> Health is important to me; I play tennis every weekend and swim once a month, so I'm in good shape.

テニスに明け暮れていました
大学には行きましたが，勉強したのはテストまえだけで，テニスに明け暮れていました。
> I went to college, but I never cracked a book except just before exams; most of the time I just played tennis.
>
> *—crack a bookは「本を開けて読む，勉強する」という意味の口語表現です。

〜な性格なので，〜しません
私はかなりのんきな性格なので，些細なことには気がつきませんし，気にもしません。
> I'm a fairly easy-going type of guy; trivial things are of no interest to me; I don't pay any attention to them.

わが家は〜一家です
わが家は妻がピアノ，娘がバイオリン，息子がチェロ，私もベースをやる音楽一家です。
> We're a musical family: my wife plays the piano, my daughter plays the violin, my son plays the cello, and I play the base.

育てるつもりで，育てられることばかりです
子育ては，育てるつもりで，むしろ親のほうが育てられることばかりです。
> With all of the effort that I've put into raising children, I feel that I, as the parent, have been the one who was raised.

2—仕事・職業・会社

仕事に関するスピーチの内容は大きく分けて二つあります。一つは，業務内容を客観的に伝えるもの。もう一つは，仕事に対する自分の気持ちを主観的に伝えるものです。スピーチの目的に合わせてこの二つをうまく使い分けてみましょう。

＊　　　　＊　　　　＊

～に勤めて〇年，～という仕事が大好きです

私は出版社に勤めて25年，編集という仕事が大好きです。やめられません。

> I've been working for a publishing company for 25 years; I'm crazy about editing. I could never give it up.
> ＊—be crazy about ～は「～に夢中」という意味の口語表現です。

仕事こそが～と実感しています

自分の経験から，仕事の困難こそが人間を鍛えると実感しております。

> The way I see it is that people benefit from the difficulties they experience in the course of their work.

営業マンでしたが，いまは～です

最初は営業マンとして出発しましたが，製造部門を経て，いまは経理を担当しています。

> I started out in sales, then became involved in manufacturing, and now I'm in accounting.

〇歳のときに独立し，いまは～を経営して〇年になります

45歳のときに独立し，いまは広告代理店を経営して12年になります。苦労の連続です。

> I went independent when I hit 45. I've been running an advertising agency for the past 12 years, and it's been just one problem after the other.
> ＊—when I hit 45 の hit は数量・記録などに「達する」という意味です。たと

えば，hit rock-bottom と言うと，「空前の安値を記録する」の意味になります。

仕事を完成させたときの感動は〜です

プロジェクトを組み，仲間と苦労を重ね，ついに仕事を完成させたときの感動は忘れられません。仕事冥利につきます。

> We've dealt with the problems of completing the project; my colleagues and I have suffered a number of setbacks, so now that we've achieved success, we are experiencing an unforgettable sense of relief. It's been a godsend indeed.

〜こそ仕事で得た最大の教訓です

「けっしてあきらめない」，これこそ仕事のなかで得た最大の教訓です。私の宝です。

> "Stick it out to the bitter end!" That's the most important lesson I've learned in my career. It's my watchword.
>
> ＊— stick it out は「がんばる」という意味です。

職場には〜で通っていますが，○時間ほどかかります

職場には車で通っていますが，片道1時間ほどかかります。

> I drive to work; it takes about an hour each way.

年功序列制が〜され，給料も〜になりました

わが社は年功序列制が廃止され，給料も能力給のみになりました。ボーナスは成績次第です。

> Our company no longer uses the seniority system. The pay is based entirely upon merits, and the bonus is determined on performance.

上司や同僚に恵まれ，〜です

有能な上司や同僚に恵まれ，仕事も職場も快適です。「幸せ」というほかありません。

> I am lucky to have such talented people to work for and work with. Both the job and the environment are pleasant. It couldn't be better.

職場は～の組織で，～ではありません

職場は仕事のために集まった組織で，仲良しクラブではありません。ときどき勘ちがいをしている人がいます。

> Where I work everything is centered on the job to be done. We are not a friendship club. Some people seem to misunderstand this.

人間の素質には総合職型と専門職型があるようです

どうも，人間の素質には総合職型と専門職型があるように思います。自問してみましょう。

> A person's talents may lie in general work or in something more specialized. Let's think about that.

＊―lie in ～は「～にある，存在する」という意味です。

燃焼しつくして退職できたら，～です

仕事に燃焼しつくして退職できたら，こんな幸せなことはありません。私の心からの願いです。

> If I could retire after devoting 100% of my energy to work, nothing would please me more. I wish for it wholeheartedly.

仕事って～ですが，～は代えがたい～です

仕事ってたびたび困難に直面しますが，それを突破したときの感動は何ものにも代えがたい喜びです。

> We sometimes run into problems at work, but once we've resolved them, it gives us a sense of satisfaction that nothing else can compare to.

日本人はワーカホリックだといわれます

よく日本人はワーカホリックだといわれます。家族や自分自身のためより仕事のために圧倒的に多くの時間を費やしているからです。

> It is often said that the Japanese are workaholics, and spend the great majority of their time working, rather than with their families or for their own sake.

日本人の仕事に対する意識は～です
日本人の仕事に対する意識は，世代間で格差があると思います。
> I believe that the Japanese notion of work differs from one generation to the next.
>
> ＊―「～によって変わる，異なる」は differ from ～ to ～，または vary from ～ to ～ で表わします。たとえば，「習慣は国によって異なる」は Customs vary (differ) from country to country. となります。

仕事を生きがいと思っています
旧世代の日本人は仕事を神聖なもの，生きがいと思っています。
> The Japanese of the older generation view work as sacred, the most important thing in life.

3―人生・座右の銘

　スピーチの冒頭や締めの部分で，感心するほどテーマにあった座右の銘を用いるスピーカーがいます。じつは，欧米の書店では「名言集」といったものが数多く販売されているのです。これらを利用して適切な言葉を引用するのも，魅力的なスピーチを作るうえでよい方法ではないでしょうか。

＊　　　　＊　　　　＊

迷惑のかけっこ，お世話のしっこです
人間は一人では生きていけません。迷惑のかけっこ，お世話のしっこです。
> No man is an island: people make trouble for one another and, at the same time, help one another out.

人生に～ほど尊いものはありません
大病をして，人生に健康ほど尊いものはないとつくづく思い知らされました。
> I never truly realized the value of life until I have experienced a serious illness.
>
> ＊―「～してはじめて～がわかる」は，「否定語（never など）A until B」で「B するまでけっして A しない」と表現します。

～はかけがえのない財産です

心を許せる友人ほどありがたいものはありません。かけがえのない財産です。

> There is nothing in this world so precious as someone in whom we can confide; such a person is a priceless treasure.

～は人間を育てます

「失恋は人間を育てる」と言ったら,笑われるでしょうか。挫折の効用です。

> One may laugh when one hears it said that "A broken heart can teach us about life," yet it does help us to tide over difficulties.

まもなく定年,～なので悔いはありません

まもなく定年,仕事に燃焼しましたので,悔いはありません。さわやかです。

> It'll soon be time to retire; I've worked hard, and have no regrets. I feel a sense of great relief.

人生は二毛作です

人生は二毛作といわれます。楽しいセカンド・ライフをめざしていまから準備します。

> They say people are like two crops in one year: I am now making ready for a pleasant second life.

～という夢をかなえることができました

小学生のときに抱いた「料理人になりたい」という夢をかなえることができました。

> As a pupil in grade school, my desire was to become a chef — my dream was realized.
>
> ＊—「夢がかなった」は,my dream was realized. または my dream came true. となります。

～な暮らしを心がけています

好況・不況に左右されないシンプルな暮らしを心がけています。

> I long for a simple life: one not at the mercy of good times and bad times.

〜とは言いませんが，〜が人生を豊かにします

「人生はお金」とは言いませんが，お金が人生を豊かにすることも事実です。

> I don't say that "life means money," though money does indeed make for a fuller life.
>
> *― money does indeed make for 〜 の does は強めの助動詞です。

私の20代は〜でした

私の20代は戦後です。貧しかったけれど，活気に満ち満ちていました。

> I was in my twenties right after the war; we were poor then, yet full of confidence.

〜と，波乱に満ちた人生でした

転職，海外進出，病気，離婚，倒産，起業と，なんとも波乱に満ちた人生でした。

> It has indeed been a life filled with vicissitudes: a change of jobs, overseas assignments, illness, divorce, bankruptcy, starting a new business … .

大きな決断をするときに必要なものは〜です

大きな決断をするときに必要なのは強い精神力と同時に強い体力です。心身ともに充実していなくては，けっして成就しません。

> At times, when we are obliged to make major decisions, we have to have a strong spirit and, at the same time, a strong constitution; unless we are endowed with these, there is no way that we are ever going to succeed.
>
> *― be obliged to＋動詞は「〜しなければならない」という意味で，must の形式的な表現です。

〜の両立こそが目標だと思いませんか

仕事本位，家庭本位ではなく，両立こそが目標だと思いませんか。

> It is not a matter of measuring things in terms of work or in terms of home; don't you agree that the standard should be made up of a combination of both?

〜はかつて〜と言いました

故ジョン・F・ケネディはかつて「祖国が何をしてくれるのかたずねてはいけない。自分が祖国に何をできるのかを問うべきだ」と言いました。

> The late John F. Kennedy said, "Ask not what your country can do for you. Ask what you can do for your country."
>
> ＊─「故〜」はかならず定冠詞 the をつけて，the late John F. Kennedy とします。

〜という言葉を座右の銘にしています

私は「いちばん重い荷物を背負った者がいちばん遠くまで行ける」という言葉を座右の銘にしています。

> My motto is, "Those who have the heaviest burden to bear are those who are able to go the farthest."

悩むと，いつも〜し，〜に励まされます

悩むと，いつも聖書を読み，珠玉の言葉に励まされます。元気を取りもどすもとです。

> Whenever I find myself depressed, I read the Bible; the treasured verses give me encouragement, and my sense of balance is restored.

般若心経は〜だと感じています

般若心経には私たちの心に安らぎをもたらす力がある，と感じています。

> For me, the "Hanya" Sutra possesses the power to bring peace to my heart.
>
> ＊─「仏教」は Buddhism，「仏教徒」は Buddhist。「キリスト教」は Christianity,「キリスト教徒」は Christian。「回教」は Islam,「回教徒」は Muslimです。

◆サンプル・スピーチ ⑰

Life and Faith
———question to a life based on a terrifying experience———

Ladies and Gentlemen

① How many of you here today chant the "The Heart Sutra?"
② I am not one of these fervent Buddhists, who chant the Buddhist mantras in the morning and at night, but I find the power of this Sutra, which helps to center and bring peace to our hearts and minds.
③ Though we live on an island, Japan is part of the larger Asian continent.
④ Some experts tell us that we were all connected into one mass of extended land millions of light years back.
⑤ I believe this may be true and the power of the Source, which is only One Creative Force in the universe.
⑥ Every faith to me is an expression of this Source through the cultural and geographic background of each person.
⑦ The Buddhist faith is followed by many here in this Asian continent, and by even other nationalities elsewhere as a philosophy.

⑧ I found the Heart Sutra, "Maka Hannya Haramita Shingyo," which my Zen Buddhist mother taught me, aiding me to overcome the fear of dying.
⑨ Someone told me one time that all issues in life fall into two categories, Love and Fear.
⑩ Every source of challenge in each person's life is an issue of whether one has Love or not and whether one has Fear or not. I literally experienced this Fear.

⑪ January, 1998. I will never forget the air flight from Narita to Hawaii on the Continental Airlines.
⑫ Midway we faced a major turbulence. Our aircraft was raised 500 feet

生きることと信仰
―― 恐怖体験にもとづく人生への問い ――

みなさん，こんにちは。

① みなさんのなかで，『般若心経』を唱えることができるかたは何人くらいいらっしゃいますでしょうか。
② 私は朝晩お経を唱えるような熱心な仏教徒というわけではありませんが，般若心経には私たちを集中させ，私たちの心や精神に平安をもたらす力がある，と感じています。
③ 私たちの住む日本は島国ですが，広大なアジア大陸の一部でもあります。
④ 専門家のなかには，何百光年もまえ，すべての大陸は結合して一つの広範な大地の塊を形成していた，と言う人もいます。
⑤ 私はこの説が真実であり，全宇宙におけるただ一つの創造的な力である根源の力というものがあると信じています。
⑥ 私にとってすべての信仰とは，一人ひとりの人間が文化的・地理的な背景をとおしてこの根源を表現することなのです。
⑦ 仏教の信仰は，このアジア大陸に生きる人びとや，その他の場所の国籍をもつ人びとによって一つの人生観として奉じられています。

⑧ 私は，禅宗徒である母親が教えてくれた『般若心経』の「摩訶般若波羅密多心経」が，死への恐怖心を克服させてくれることを知りました。
⑨ あるとき，人から聞いた話ですが，人生におけるすべての問題は「愛」と「恐れ」の2種類に分類されるそうです。
⑩ 人生においてすべての試練を生み出す源となっているのは，人が愛をもっているか否か，あるいは恐れをもっているか否か，ということです。実際，私はこの「恐れ」について経験したことがあります。

⑪ あれは忘れもしない1998年の1月，コンチネンタル航空で成田空港からハワイへ向かっていたときのことです。

and dropped 1000 feet, not once but 3 times.

⑬ It occurred at the tail end of our dinner, so everyone was relaxed. Some had not buckled down.

⑭ In one instance we saw ceramic in-flight bowls containing our meals with spoons, forks, knives, along with wine bottles and plastic cups of juice and drinks flown up and crashing down on everyone.

⑮ Screams could be heard as men flew up in the air and down.

⑯ My mother whom I took along for a meeting in Honolulu looked pained.

⑰ I immediately took the position instructed when there is an emergency and began chanting the "Heart Sutra."

⑱ At first, both of us were enveloped in Fear, but as we chanted hunched over, holding our hands together, we felt an unbelievable calm within ourselves.

⑲ I could look around not in Fear but with Love.

⑳ I gave my Love and gratitude to the Source for giving my mother and I such splendid lives. We were ready to die without Fear!

㉑ After what seemed to be an eternity, we came out of the turbulence, back to Life!

⑫　飛行の途中で私たちは乱気流に遭遇しました。私たちの乗っていた航空機は，500フィート上昇し，1000フィート下降する，ということを3度もくり返しました。
⑬　それが起こったのはちょうど夕食が終わった時分だったので，乗客はみなくつろいでおり，シート・ベルトを締めていない人もいました。
⑭　私たちは，料理の入った航空機用のセラミックの皿や，スプーン，フォーク，ナイフが，ワイン・ボトルやジュースのはいったプラスチックのカップなどと一緒に空中に飛び散り，大きな音を立てて乗客の上に落ちてくるのを見ました。
⑮　また，男の人の体が宙に浮かび上がり，誰かが悲鳴をあげるのが聞こえました。
⑯　私がホノルルで開催される会議に出席するということで同伴した母親は，苦しそうな表情を浮かべていました。
⑰　私はすぐに緊急事態の際の基本姿勢をとり，『般若心経』を唱えはじめました。
⑱　最初は母も私も恐れに支配されていました。しかし，前屈みになって互いの手を握り締めながら『般若心経』を唱えていると，心のなかに信じられないほどの平穏が訪れたのです。

⑲　私はあのとき，「恐れ」でなく，「愛」をもって状況を見ることができました。
⑳　また，母と私にすばらしい人生を与えてくださった根源に対し，愛と感謝を捧げました。私たちはあのとき，「恐れ」から解放され，死ぬ覚悟ができていました。
㉑　そして，永遠とも感じられる長い時間を経たのち，私たちの乗った航空機は乱気流から脱出し，私たちはこの世に戻ってきたのでした。

◆サンプル・スピーチ ⑱

Living an Intercultural Life
——experience of a third-generation overseas Japanese inheriting two cultures——

Ladies and Gentlemen

① I feel the blessings of life, because I have the best of two worlds.
② Being born a third generation Japanese-American (Sansei) with a Nisei father and an Edokko (downtown Tokyoite) as a mother, I have a deep respect for the beauty and tradition of certain Japanese way of life but also for a very modern, rational American way of life.
③ I always thank my parents for allowing me to pursue the study of both languages and cultures in-depth.

④ With my English education at private international schools in Tokyo, I never had to worry about my English.
⑤ When I returned to my father's hometown, Seattle, Washington and started going to the public schools, all the teachers and some students praised me for my beautiful English pronunciation, enunciation, and grammar, which I had learned from my British teachers in grade school.
⑥ Everyone always asked me, "Where did you learn such perfect English?"

⑦ My study at Occidental College, a small liberal arts college in Los Angeles aided me in learning how to think creatively.
⑧ With a special 2 year course, History of Civilization, I was always able to hold a conversation with just about anyone!
⑨ Although our history professor, Dr. Winter, told us that we would learn to discuss in-depth, he also jokingly said that we would never have to suffer from lack of subjects to talk about at cocktail parties.
⑩ We acquired social etiquette and skills, which made us comfortable in

異文化社会を生きる人生
──日系3世による二つの文化を受け継ぐ体験──

みなさん，こんにちは。

① 私は自分の人生がとても恵まれたものであると感じています。なぜなら，二つの異なる社会の良い部分を受け継いでいるからです。
② 私は3代目日系アメリカ人（3世）として日系2世の父親と江戸っ子（東京の下町生まれ）の母親のあいだに生まれ，日本特有の優雅で伝統ある暮らし方に深い敬意を抱いていると同時に，きわめて現代的かつ合理的であるアメリカ流の生き方も尊重しています。
③ 二つの国の言葉や文化を深く学ぶ機会を与えてくれた両親には，いつも心から感謝しています。

④ 私は，東京にある私立のインターナショナル・スクールで英語教育を受けていたとき，自分の英語力について一度も不安に思ったことはありませんでした。
⑤ 父の故郷であるワシントン州のシアトルに引っ越し，パブリック・スクールに通いはじめたときには，先生がたや何人かの生徒たちに，英語の発音の美しさや，はっきりとした話し方，文法の正確さなどをほめられました。それらはすべて，小学校でイギリス人の先生から教わったものです。
⑥ 周囲の人からはいつも，「その完璧な英語はどこで習ったの？」と尋ねられました。

⑦ オキシデンタル大学というロサンゼルスの小さなリベラル・アーツ・カレッジに通っていたころには，独創的にものごとを考える方法を学びました。
⑧ 私は文明の歴史を学ぶ2年間の特別コースに在籍しており，いつでも，たいていどんな人とでも会話をすることができました。
⑨ 歴史を教えていたウィンター教授によれば，私たちは深く議論をすることを学んでいるのだということでしたが，教授は冗談で，カクテル・パーティー

any environment even with the deepest intellects!

⑪ Then, after I returned to Japan to improve my knowledge of Japanese at Waseda University, I was praised for my beautiful, considerate Japanese, which my mother had disciplined me to learn.

⑫ I never spoke in a jargon as some young women do today.

⑬ We learned to speak elegantly and with care so that we did not cause any trouble to others and were not offensive.

⑭ With the return to studying Japanese classical dance and music, Kabuki, green tea ceremony, and other disciplines, I learned what is most important at heart. I understood the Japanese psyche by understanding the Japanese cultural heritage and spirit.

⑮ My supervising professor, Dr. Gunji, in my masters for Japanese Classical Theater and Dance said I was very "classical（kofu）."

⑯ I was sometimes more aware than the rest allowing me the ability to discuss from the heart. Yes, I am indeed blessed that I can communicate what is truly meaningful as the essence of life!

のときに話題がなくて困ることがなくなる，ともおっしゃっていました。
⑩　私たちは社会的な礼儀作法や社交術を身につけ，どんな環境においても，たとえ深い学識をもった知識人のかたがたとご一緒することになったとしても，落ち着いた気持ちを保っていられるようになりました。

⑪　その後，私は早稲田大学で日本語の能力を伸ばすために日本へ戻りましたが，そこでは美しく丁寧な日本語を話すということでおほめの言葉をいただきました。これは母親にしつけられたものです。
⑫　私はいまの若い女性たちが使うようなくだけた表現は，けっして使いませんでした。
⑬　私たちは大学で，他人に嫌な思いをさせることのないように，そして，攻撃的に聞こえないように慎重かつ優雅に話すことを学びました。
⑭　日本舞踊や日本の伝統音楽，歌舞伎，茶道，その他の修養について研究するようになると，私は，本質的にもっとも重要なことが何かということがわかってきました。日本の文化的な遺産や精神を理解することによって，日本人の心を理解したのです。
⑮　私が大学院の博士課程で日本の古典演劇と古典舞踊の研究をしていたとき，監督教授だった郡司先生は，私のことをとても「古風」であるとおっしゃいました。
⑯　私はときどき，ほかの誰よりもものごとを深く認識していることがあり，そのため本音で議論することができました。つまり，私はじつに恵まれていて，人生の源として本当に意義のあるものは何か，ということを伝えることができるのです。

＊──このサンプルは初心者向けではなく，英語に堪能な日系3世による文例ですが，自分を語るスピーチの上級編として参考にしてください。

補章
感情を伝えるのに的確な表現

―――― 知っ得フレーズ集❸ ――――

　日本語を英語に直訳しただけでは，微細な差異が伝わらないのが「感情表現」です。同じ用語を直訳したものでも，肯定的に取れるものと否定的に取れるものとに分かれます。また，同じ英語の表現でも，聞く側の文化的背景によって感じ方に差が出ます。感情を伝える表現を使用する際は，事前にネイティブ・スピーカーのチェックを受けることをおすすめします。

❶―喜び

　「自分」を主体とした喜びの表現と，「自分たち」を主体とした喜びの表現とがあります。前者は自分の気持ちを相手に伝えるもの，後者は組織として喜びを分かち合うものです。自分の立場に応じて使い分けてみましょう。

　　　　　　　＊　　　　　　＊　　　　　　＊

それは**すばらしい**ニュースです。
　| What **great** news!
それをうかがって**非常にうれしく思っております**。
　| **I'm delighted** to hear that.
みなさんにお目にかかるの**を楽しみにしていました**。
　| **It was a real pleasure for me to** meet all of you.
今年はどんな出会いがあるか，**わくわくしています**。
　| This has been indeed a year of **exciting** encounters for me!
彼女のもとで働くことができて，**心からよかったと思っています**。
　| **It has been my good fortune** to work under her.
このチームの一員であること**を誇りに思っています**。
　| **I'm proud to be** a member of the team.

このプロジェクト・チームに参加できてとてもうれしく思います。
> **I'm very pleased to become** a member of this project team.

うれしいことに，新製品の滑りだしは上々です。
> **I'm happy to** report that we've made great progress in introducing the new products.

念願のヨーロッパ進出がなったことは，**言葉に尽くせないくらいうれしい**ことです。
> Our successful entry into the European market marks the realization of a long-cherished desire ― **our feelings are something words cannot express**.

望みどおりの結果が出たので，**うれしくて踊りだしたいような気分でした**。
> It has all turned out just as we had hoped it would; **I'm so delighted that I could jump for joy**!

*─ turn out ～「結果が～になる」という意味です。～の部分は as we had hoped と過去完了形になります。

営業部が協力してくださるなら，もう**願ったりかなったり**です。
> The Sales Department's spirit of co-operation has really **been a god send for us**.

念願がかなって，さぞお喜びのことと思います。
> **Your success must be a source of great satisfaction for you**.

期待以上の成績を上げられ，**鼻が高い**です。
> Our success **fills us with pride**; it is quite beyond our expectations.

*─ beyond ～は「～を超えて，～以上」の意味で，beyond one's expectation は「期待以上」。beyond one's description と言えば，「筆舌に尽くしがたい」という意味になります。

❷—怒り

怒りの気持ちを伝える場合，誤った用語を選択すると，たいへん聞き苦しいものになります。同じ怒りを表現する用語でも，強度に差があるからです。はじめて試すフレーズは，ネイティブ・スピーカーの助けを借りてその時と場合に合ったものであるかをチェックするとよいでしょう。

＊　　　　＊　　　　＊

関係省庁の理解がなかなか得られず，ずいぶん**いらだたしい思いをしました**。

> Our failure to gain any understanding on the part of the ministries and agencies in question **has been a source of considerable annoyance for us**.

日本では職人の技術が正当に評価されていないこと**に憤りを感じます**。

> **It really makes me mad that** Japanese workers' skills are not properly recognized.

開発予算削減の決定**に少なからず憤りを感じました**。

> The decision to cut the budget for development **annoyed me more than a little**.
>
> ＊— annoy は「悩ませる，腹立たせる」という意味の他動詞です。I was annoyed with her.（彼女には腹が立った）と受動態でも使われます。名詞は annoyance（閉口，迷惑）です。

最近のマスコミの論調にはまったく**腹が立ちます**。

> The attitude of the media on mass communication of late has **been** very **provoking**.

あの一方的な取り決めは非常に**不愉快でした**。

> The settlement is nothing short of one-sided and **I find it pretty disgusting**.

辞令を受けたときは正直言って，**まったくうれしくありませんでした**。

> Honestly **I was not happy at all** when I was appointed to a new

post.

前任地はすばらしいところでしたが，湿度の高いのだけは**どうにも我慢できませんでした**。

> The place where I used to work was really great; it was just the high humidity that **I couldn't stand**.

毎日毎日，同じことのくり返しで**うんざりしていました**。

> **I just got fed up with** the same old routine day after day.

＊―get (be) fed up with ～は「～にうんざりする」という意味です。

貴社との取引停止**は軽々と考えるようなものではありません**。

> Canceling our deal with your firm **is not something I take lightly**.

悪条件を改善する**ようお考えいただきたい**。

> **I'd like for you to give some thought to** how a bad situation like this one can be salvaged.

もう，これ以上**がまんできません**。

> **I've had it**! No more!

❸―失望・悲しみ・同情

失望，悲しみ，同情の表現も，たいへん繊細なものが多いです。使用する用語ごとに意味合いが異なり，選択する用語を間違えると，意に反して相手を傷つける結果に終わりかねません。スピーチ原稿の最終チェックでは，ネイティブ・スピーカーの助けを借りることをおすすめします。

＊　　　　＊　　　　＊

それは**残念です**。

> **What a pity**!

残念だと言わざるをえません。

> **I must say, it is really unfortunate**.

第一の功労者であるハワードさんがこの場におみえにならない**とは，何とも残念です**。

Mr. Howard is our number one man; **I'm very sorry that** he is unable to be here with us now.

残念なことに，金額の面で折り合いがつきませんでした。

It's a shame that we have not been able to reach an agreement on the amount of money in question.

＊— shame は「恥」という意味のほかに，上記の文例のように it's a shame that ～で「～は残念である」という使い方もします。

貴重なお話をうかがう**のを楽しみにしていましたのに**。

I'd hoped that we might have a valuable conversation, **but it didn't turn out that way**.

立てつづけに失敗したので，とても**がっかりしました**。

It's been a real let-down: one failure after the other.

がっかりしたことには，タッチの差でベータ社がさきに類似商品を発表したのです。

It comes as a great disappointment that Beta Company has recently announced that they have a similar product, just when we were about to launch ours.

＊— launch はロケットやミサイルなどを「発射する，打ち上げる」という意味にも使われますが，ここでは「着手する」の意味です。

当初はこの方法になかなか理解が得られず，**意気消沈しました**。

At first I just couldn't make other people figure it out, and **it depressed me**.

＊— figure out は understand（理解する）の意味です。

あなたのお父さまのこと，とても**残念に思います**。

I am very distressed to hear about your father.

記念すべき第一号店を取り壊すことになったのは悲しいことです。

It's kind of sad, isn't it? Their tearing down the very first store: a place with so much tradition.

こんな結果になって**同情の念でいっぱいです**。

We can certainly sympathize with you on the way things have turned out.

＊― sympathize「同情する」は自動詞ですので,「～に同情する」は sympathize with ～というように前置詞 with が必要です。

どんなにご苦労なさったことか,**お察しします**。

I can just imagine how difficult it must have been for you.

❹―驚き

同じ驚きを表わす言葉でも,肯定的に聞こえるものと否定的に聞こえるものがあります。たとえば,「驚くべき」を表わす言葉でも,remarkable は「優れた」という意味を,shocked は「あきれかえった」という意味を含みます。余計な誤解を招かないよう,よく理解したうえで使い分けましょう。

＊　　　＊　　　＊

はじめて彼の提案を聞いたときには**驚きました**。

I was quite astonished when I first heard what he suggested.

業界最大手のアップル社が倒産するとは,まったく**驚きです**。

What a surprise! Such a major concern as Apple Company going bankrupt!

＊―「倒産する」は go bankrupt で,名詞は bankruptcy です。

こんなにたくさんのかたが出席してくださるとは**思ってもいませんでした**。

I never expected such a big turnout as this!

この商品が発売当初から驚異的な売上を記録したことは**うれしい驚きでした**。

It is both a surprise and a pleasure for us to learn that the product has shown such extraordinary sales from the very first.

現場のみなさんがまっさきに賛成してくださったのは**意外でした**。

It was quite remarkable that each and every one present should agree from the very first.

お客さまには女性が多いこと**に驚きました**。
> **I was surprised at** the number of women in our guests.

沖縄に支店をつくる計画があるとは**初耳**です。
> **It's the first I've heard** anything about plans to open a branch in Okinawa.

彼がたった１週間ですべてのデータの洗い直しを終えたのには**驚嘆しました**。
> **It was nothing short of astounding that** he was able to go through all of the data in only a week.
>
> *―nothing (little) short of ～は「ほとんど～の，～に近い」という意味です。It was nothing short of a miracle.（それは奇跡に近かった）のように用います。

鈴木氏が出張先で交通事故に遭われたと聞き，**ショックを受けています**。
> **It was quite a shock** to learn of Mr. Suzuki's being involved in a traffic accident after he'd been sent away on business.

❺―興奮・感動

状況を描写する際に「興奮」や「感動」の気持ちを表現するフレーズを加えるだけで，臨場感が増すものです。スピーチの席では，少しオーバーかなと思うくらいの表現が聴衆の満足度を高めることがあります。勇気をふるって新しい表現に挑戦してみてください。

＊　　　　＊　　　　＊

この開発チームのかたがたにお目にかかれると思うと，昨晩は**興奮して眠れませんでした**。
> Thinking that I would meet the members of the development team, **I was so excited** last night **that I didn't sleep a wink**!

いよいよ試運転のときを迎えて，**胸がどきどきしています**。
> Well, the time for test driving has finally come around, and **I'm as nervous as I can be**.

このスピーチのことを考えて，けさから**そわそわのしっぱなしです**。

> **I've been all in a flurry** since this morning, thinking about the speech.
> *―be in a flurry は「興奮して」という意味です。be excited と言ってもよいでしょう。

完成のめどがたったので，スタッフ一同，**うきうきしていました**。

> The entire staff **is just delighted**; the prospects for completion look very promising.
> *―「完成する」は complete, 名詞は completion です。

選手たちの限界に挑む姿に**感動の涙があふれました**。

> The sight of the team striving to do their utmost **was so moving that it brought tears to our eyes**.

❻―不安・困惑

予測できる結果が不確実なものの場合は現時点での状況や気持ちを正直に伝えておきましょう。そのことによってスピーカーが威厳を失うようなことはありません。正直な気持ちを伝えておくほうが，あとあとのトラブルを回避することができます。

＊　　　　＊　　　　＊

はたしてうまくいくかどうか，**不安でたまりません**。

> **We were very concerned about** how things would turn out.
> *―be concerned about ～は「～を心配する」という意味で，be anxious about と同じです。

将来的には，このシステムに若干，**不安を感じています**。

> **I'm somewhat uncertain about** what to expect of the system in the future.

私どもは何よりリピーターの反応**が気がかりでした**。

> It's repeater's reaction **that has us worried** more than anything else.

補章　感情を伝えるのに的確な表現

同僚は私のプレゼンテーションの間中，ずっと**気をもんでいた**ようです。
> All through my presentation my colleagues seemed to **be on edge**.
> *― be on edge は「気をもんでいる」という意味で，be nervous ということです。

その企画に自信はあったのですが，はじめて社長に説明したときには**どぎまぎしてしまいました**。
> Although we ourselves had every confidence in the plan, we were pretty **uptight** about it when we first introduced it to the president.
> *― uptight は nervous と同義語の口語表現です。

周囲の騒音のひどさには，まったく**閉口しました**。
> The terrible noise around the place **was** really **annoying**.

困ったことに，代替品のあてがまったくありませんでした。
> **The problem was** that there was nothing that could be substituted for it.

最初は私の話がよくのみこめなかったらしく，みんな**困惑していた**ようです。
> At first no one seemed to follow what I was saying; they all appeared to **be confused**.

納期に間に合わないという連絡に**当惑しました**。
> The message we received about the delivery date being unacceptable caused us **a great deal of trouble**.

――― スピーチの極意 ❹ ―――

卒業式での旅立ちのスピーチ

　私が大学生の頃にしたあるスピーチのお話をしましょう。当時，私は大学に通うかたわら，毎晩，ある英会話学校に通っていました。

◆ケネディー大統領のスピーチを拝借

　理工系の大学に通い，授業・実験・レポート・試験と多忙な日々でした。それに加えて毎日，夜３時間の英会話の授業にも出席するのは肉体的にも精神的にもたいへんでした。それでも毎日のようにせっせと通い続けました。

　卒業も間近になったある日，教務主任の先生に呼ばれ，卒業式のスピーチ（valedictory）をやれと言われました。優秀な先輩諸氏をさしおいて，当時，大学３年生の私が卒業生総代（valedictorian）としてスピーチをせよというのです。たいへん名誉なことであり，とにかくやってみようという持ち前の「思考よりも行動優先の性癖」が災い（？）し，「はい，やります」と簡単にOKしてしまいました。当時は「これをやらないと，ちゃんと卒業できない」くらいに思っていたのかもしれません。

　さて，いよいよスピーチの準備です。いろいろ考えたあげく，「自分がいちばん伝えたいメッセージは何だろうか」に集中することにしました。当時から私は，「英語そのものを目的に学習するのではなく，英語で何をやるかをしっかり考えて行動すべきだ」と考えていましたので，このことを，ぜひ伝えようと思いました。

　そこで，毎晩毎晩，疲労と睡魔と空腹に耐えながら勉強したことや，個性豊かで温かい先生がたの思い出，そして，卒業してからこそが始まりであり，それぞれ行く道は異なっても「英語が何をしてくれるかではなく，英語で何ができるか」を問うよう呼びかけました。この呼びかけは最後の締めの文章で，ケネディー大統領の就任演説から拝借しました。

　　"So my fellow students. Ask not what your English can do for you–ask what you can do with your English."

　私が"Ask not ..."と言い始めるや，学生たちの間から笑い声が聞こえ

てきました。卒業生全員がこの有名なスピーチを知っていたはずです。ケネディー大統領の歴史的なスピーチにちゃっかり便乗した形のスピーチでしたが，私が伝えたかった「英語で何ができるのかを問おう」というメッセージはじゅうぶん伝わったのではないかと思います。

◆思いのたけをぶつける

さて，私が学生時代にしたこのスピーチですが，170ページのコラム「感動のスピーチ "I Have a Dream."」でお話しした，よいスピーチをするための五つの条件にかなっているかどうかを見てみましょう。

① まず描写です。比喩的ではありませんが，共に過ごした楽しく，ときとして辛かった日々のことや先生がたの特徴を述べましたので，具体的なイメージを想起してもらうことができたはずです。
②「くり返し」はどうでしょうか。最初から最後までテーマは一つ。「英語で何ができるのかを考えよう」ですから，これも OK です。
③「時空」は，半年なり2年間なりを共に過ごした学校での学びの様子を取り入れ，さらにこれから未来に向けていろいろな方向への旅が始まる，と表現しましたので，いちおうかなっています。
④「行動」についても，「英語で何ができるかを考えよう」と呼びかけたのですから，これも OK です。
⑤「情熱」はどうだったでしょうか。怖いもの知らずの大学生が思いのたけをぶつけたわけですが，その情熱のいくばくかは伝わったのではないかと思います。

自分自身の甘い評価では合格ですが，先生の評価はどうだったのでしょうか。先生のコメントは，「ちょっと社長的だったけれど，良かったよ」でした。この先生はたいへん知的なイギリス人で，いちおうは誉めていただいたわけですが，「社長的」とは「学生らしからぬ落ち着き払った態度だった」ということでしょうか。その後，私は現実に社長になってスピーチを何度もやりましたが，原点はどうもこの日にあるようです。

第4部

成功するスピーチの技術
アイディアとコツ

Part Four : Techniques for a Successful Speech—Ideas and Knacks

第4部　成功するスピーチの技術

第1章
成功に導く三つのポイント
―――魅了するための心得―――

　スピーチはあなたに大きなチャンスを与えてくれます。なぜなら、スピーチをすることで「自分を成長させる」「自分の考えを広める」「聴衆に自分が望む行動を取ってもらう」――これらすべてのことが可能になるからです。せっかく手にしたチャンスを生かすためにも完成度の高いスピーチを試みてください。この章ではスピーチを成功させるための三つのポイントである「プロセス（手順）」「スキル（技術）」「ツール（道具）」を紹介します。

1 ― プロセスを意識する ―― ポイント❶

　スピーチを行なううえでのプロセスには大きく分けて二つあります。一つは「準備のプロセス」。もう一つは「デリバリー（話し方）のプロセス」です。
　「準備のプロセス」は、スピーカーがスピーチの当日までどのように準備をするかを示すものです。そして、「デリバリー（話し方）のプロセス」は、実際にスピーカーがどのような順序で自分の考え・意見を聴衆に伝えていくかを示すものです。
　スピーチを成功させるために、この二つのプロセスを確実に理解しておきましょう。

◆デリバリー（話し方）のプロセス

　スピーカーは、聴衆の前に立つ前に、自分がどのような順番で話をすれば、聴衆に自分の意見や考えが効果的に伝わるかを考えなければなりませ

ん。この場合の順番とは自分が話したい順番ではなく，聴衆がもっとも理解しやすい順番のことです。このように，つねに聴衆の立場に立ってデリバリーのプロセスに気をつけ，スピーチを行なうことで聴衆にとって満足度の高いスピーチを実施することができます。

　デリバリーのプロセスにおいて重要なのは「目的の明確化」です。スピーチによって自分の考えや意見を聴衆に伝え，その結果，自分が設定した目的を達成することができれば，そのスピーチは成功であったといえます。（デリバリーのスキルやトレーニングについては第4章を参照。）

　ここでは，目的を考慮に入れたスピーチの展開例を二つ紹介します。「伝える順番の考え方」を比べてみてください。

▶例1「新入社員に会社の業務について説明をし，理解してもらう」
　この場合，すべての業務内容を限られた時間内で説明することはむずかしいと判断したとします。そこで考えつく「伝える順番」にはつぎのようなものがあります。
最初に，①　会社全体の業務のコンセプトを定義する。
つぎに，②　全体の業務を分割する。
最後に，③　分割された業務をそれぞれ説明する。

▶例2「結婚による友人の心理的な変化を聴衆に伝え，理解してもらう」
　この場合，聴衆にその人の心理的な変化を印象的に伝える工夫をします。
最初に，①　友人が寝食を忘れて結婚の準備をしていたエピソードについて話します。
つぎに，②　新聞から，結婚による心理的な変化についての文を引用します。
最後に，③　寝食を忘れて結婚準備をした友人の様子を，それまでに紹介した引用文と照らしあわせ，結婚による友人の心理的な変化がどのようなものであったかを説明します。

　さて，以上の例からもわかるように，目的を明確にすることで，「何を」

「どのような順番で」話せば効果的であるかが，より具体的に見えてくるものです。

ここで忘れてはならないのは，伝える順番はいく通りもあるということです。あなたもいくつものスピーチ・パターンを用意し，時と場合に応じてそれらを使いわけてみてください。

◆準備のプロセス

スピーチの準備中に無視してはならないのが，「①会場の確認」「②聴衆の確認」「③他のスピーカーの確認」です。これら三つの状況が変わるごとに，スピーチの内容調整が必要になるものです。

優れたスピーチの原点は準備にあります。万全なる準備は自信を呼びます。そして，自信のあるスピーチは人の心を動かします。あなたも万全なる準備に力を注ぎ，完成度の高いスピーチに挑戦してみてください。

▶会場の確認

準備のプロセスでかならずやっておきたいのが「会場の確認」です。「会場の広さ」や「音響設備」の確認がその例です。会場を事前に見ておくことで，どのようにスピーチするかをイメージすることができます。事前に会場を訪問することができない場合でも，電話1本，メール1通で会場の様子を確認することは可能です。この小さなチェックを怠らないことがスピーチ成功の秘訣です。

▶聴衆の確認

準備のプロセスで，「会場の確認」と同様に重要なのが「聴衆の確認」です。聴衆のバックグラウンドを事前に理解しておけば，スピーチに盛り込む内容や，スピーチの構成を決めることができます。

具体的には，①年齢，②性別，③文化的な背景，④受けてきた教育や知識のレベル，⑤役職や地位――といったものです。これらの確認事項にあわせて盛り込む内容を選択し，使用する用語のレベルを決定していけば，「聴衆の知識レベルにあった」「聴衆が興味をもつ」「聴衆の欲求に応える」スピーチが誕生します。

▶他のスピーカーの確認

　自分以外にスピーカーがいる場合は，その人（人たち）のバックグラウンドやスピーチの内容を事前に知っておくとよいでしょう。

　もし，他のスピーカーのスピーチ原稿が自分の準備したものに極端に類似している場合は，自分のスピーチ内容を変更することをすすめます。聴衆に同じ内容のスピーチを何度も聴かせるよりも，新鮮な発見の場を与えるほうが優れたスピーカーの姿勢にふさわしいからです。

　また，優れたスピーカーは，自分より前のスピーカーの話にじゅうぶんに注意を払っています。そして，他のスピーカーの話した内容を見事なまでに効果的に自分のスピーチに取り込みます。

　あなたも心に余裕をもち，「他のスピーカーの内容と重複しない」，しかし「他のスピーカーの内容を尊重する」質の高いスピーチに挑戦してみてください。

2─スピーチ・スキルを身につける──ポイント❷

　優れたスピーチとは，内容が充実しているだけでなく，その内容が聴衆に正確に伝わり，さらに聴衆の心を動かすものです。充実したスピーチ原稿は，読むだけで感動できるものです。しかし，同じ原稿を使っても，スピーチのデリバリーによって聴衆にあたえる印象に差がでるものです。この差は，スピーカーの「言語技術」や「非言語技術」によって生じるものですが，「うまくスピーチができない」と悩んでいるかたも安心してください。これらのスピーチ・スキルは，事前の練習によっていくらでも上達するものだからです。あなたもスピーチ・スキルを身につけ，一ランク上のスピーチに挑戦してみてください。

◆言語的なスキル

　言語的な技術には，「明確な発音」「聞き取りやすい音声」「音声の強弱や高低による表現」「適切な用語の選択」といったものすべてが含まれます。また，英語でスピーチをする場合は，これらに加え，語彙力や文法力を含む

「英語力」が問われます。(言語的なスキル・トレーニングについては第4章をご参照ください。)

◆非言語的なスキル

非言語的な技術には,「スキンシップ」「ジェスチャー」「アイ・コンタクト」「空間の使い方」といった言語表現以外の伝達技術が含まれます。非言語的な技術を磨くには,「読む」「聴く」「話す」に加え,「観る」ことと「実施する」ことがだいじです。(非言語的なスキル・トレーニングについては第4章をご参照ください。)

◆スキル・アップ・トレーニング

スピーチ・スキルを高めるには,くり返しトレーニングを行なうことです。また,可能なかぎり「聴衆」を想定してトレーニングを行ないましょう。なぜなら,スピーチはスピーカーと聴衆との相互関係によって成り立つものだからです。

では,ここでいくつかのトレーニングのポイントを紹介します。

▶反復練習を行なう

スピーチをくり返し練習することで,自分にとって伝えやすいスピーチのパターンと出合うことができます。また,練習の回数に比例してタイム・マネジメント力も高まり,与えられた時間内でポイントを押さえたまとまりのあるスピーチができるようになります。

▶評価をしてもらう

信頼できる人に評価の依頼をしましょう。スピーチ・スキルのどの部分を評価してもらいたいのかを事前に知らせておくことで,より具体的な評価を得られます。

また,「評価者が理解した内容」と「自分が伝えたかった内容」とに差が生じていた場合には,差が生じた理由を解明しておきましょう。その原因を突き止め,改善しなければなりません。

▶問題点を解決する

話すスピードが速すぎたのであれば，ゆっくりと話す。声が届かなかったのであれば，マイクを使う。聴衆の知識レベルと内容とが一致していなかったのであれば，理解できる内容に置き換える。これら一つひとつがスピーチ全体の完成度を高めます。

3—便利なツールを活用する──ポイント❸

ゆっくりと時間をかけ，ていねいに準備されたスピーチは聴く側の心を動かすものです。しかし，すべてのビジネス・パーソンにじゅうぶんな時間が与えられているわけではありません。限られた時間内で効率的に準備をし，スキル・アップすることが成功の秘訣ではないでしょうか。

ここでは，準備段階やスピーチ・スキルを高めるうえで便利なツールをいくつか紹介することにします。

◆情報カード

情報カードには大きく分けて二つの使用用途があります。

一つは，「準備段階」における情報の整理です。ここでは，スピーチの材料となる引用文や自分の考え・主張といったものをカード一枚一枚に書きとどめます。このことでスピーチの構成を視覚的に確認することもできますし，構成の変更に応じてカードの置き換えが可能となります。

もう一つは，スピーチ・ノートとしての使用です。できあがった原稿をポイントごとに分解し，カードに書き写します。スピーチの最中は，大きなノートや紙の束を持って話すより，サイズが小さな情報カードのほうが使いやすいものです。

◆録音機器

録音機器（テープレコーダー・ICレコーダー）には大きく分けて二つの使用用途があります。

一つは，アイディアを蓄積するツールとして使用することができます。スピーチに盛り込みたい「アイディア」「表現方法」「エピソード」といったも

のを思いつくごとに録音しておくのです。この方法であれば，手もとにノートやペンがなくとも，後日，スピーチで使用したいことを記録として残すことができます。

　もう一つは，セルフ・エバリュエーション（自己評価）のツールとして使うことができます。自分のスピーチを録音して聴きなおすのです。客観的に自分のスピーチを聴くことで，それまでは気づくことのなかった改善点を見いだすことができます。

◆評価シート
　評価の指標を一枚，あるいは数枚の用紙にまとめたものが「評価シート」です。このシートによって，評価者は具体的にどのポイントに的をしぼってスピーチを聴けばよいのかを理解することができます。スピーカーは，評価後のシートを見ることで，今後，どの部分を強化しなければならないかがわかり，具体的な改善策に取り組むことができます。なお，266ページに「評価シート」のサンプルを掲載してありますので参考にしてください。

＊　　　　＊　　　　＊

　第1章では，スピーチを成功させるための「プロセス」「スピーチ・スキル」「便利なツール」に着目しました。目的を明らかにしたうえで効果的にスピーチを展開していけるよう心がけましょう。そのためにも三つのポイントを踏まえて準備に取りかかることがたいせつです。

第4部 | 成功するスピーチの技術

第2章 有益な材料を集める

――― 情報収集のコツ ―――

　スピーチで何を題材に話すか。これは準備段階で多くの人が頭を悩ます問題です。誰もが思いつく，ありきたりな話をするだけでは，聴衆の意識を捉えることはできません。つねに斬新なアイディアや新鮮なエピソードといった題材を用意しておきたいものです。
　しかし，スピーチの機会を手にした瞬間に新しい発想が湧いたり，目新しいエピソードと出合えたりするわけではありません。そこで，ここでは日常生活のなかで可能な情報収集の方法について説明します。

1 ― 情報の種類

　スピーチの材料となりうる情報には，大きく分けて二つあります。
　一つは「客観的」な情報です。これは「事実」にもとづいており，新聞や雑誌，インターネットといったマスメディアから容易に入手できます。客観的な情報は，何かを証明する根拠としてはたいへん説得力のあるものです。
　もう一つは「主観的」な情報です。これには独自の体験や理念，考え方や感じ方などが含まれます。主観的な情報はスピーカーの個性をだすうえでも，聴衆に感動を与えるうえでもたいへん役に立つものです。
　重要なことは，これら2種類の情報をうまく組み合わせて聴衆の満足いくスピーチを完成させることです。

2 ― 情報収集の方法

　より完成度の高いスピーチをするには，日ごろから情報収集に努めておか

なければなりません。スピーチの依頼を受けた際は，スピーチの目的を明らかにしたうえで，それを達成するのにもっともふさわしい情報を選択し，うまく活用しましょう。ここでは情報収集から情報活用までの流れを理解しておきましょう。

◆題材メモ

　情報収集方法の一つが「題材メモ」の活用です。「題材メモ」とは，スピーチの題材となりうる情報を記録しておくメモのことです。「客観的情報」と「主観的情報」とがバランスよく盛り込まれたスピーチはたいへん説得力があり，魅力的なものです。

　したがって，有益な情報を蓄積できるよう，日ごろから物事を冷静に観察する目を養い，自分の意見をもつよう心がけましょう。また，書き留めたメモの内容を情報カードに転記しておけば，効率的にスピーチを構成することができます。

　手持ちの題材メモが質・量ともに充実していればいるほど選択肢が増え，

［題材メモの記入例］

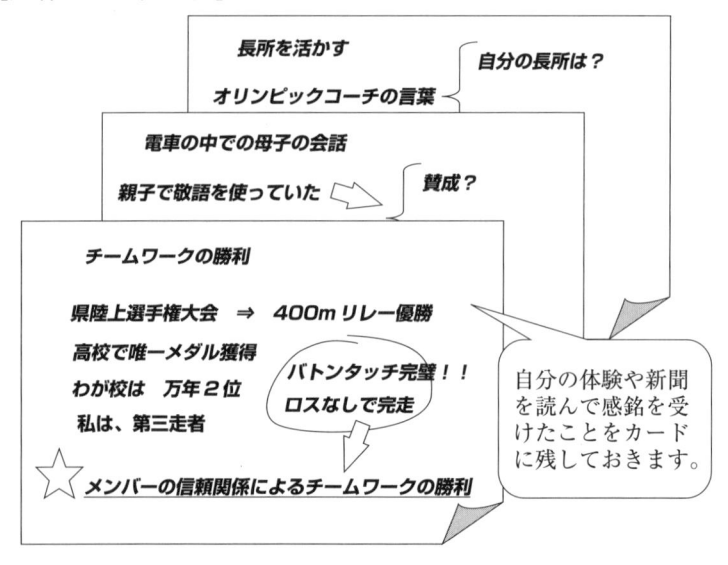

- 長所を活かす
- オリンピックコーチの言葉
- 自分の長所は？

- 電車の中での母子の会話
- 親子で敬語を使っていた
- 賛成？

- チームワークの勝利
- 県陸上選手権大会 ⇒ 400mリレー優勝
- 高校で唯一メダル獲得
- わが校は 万年2位
- 私は，第三走者
- バトンタッチ完璧！！
- ロスなしで完走
- ☆メンバーの信頼関係によるチームワークの勝利

自分の体験や新聞を読んで感銘を受けたことをカードに残しておきます。

魅力的なスピーチを構想するうえで大いに助けになります。また，選択を効果的に行なうために，カードへの記入は1枚1テーマが原則です。

◆文書引用

盛り込む内容が充実していなければ，「優れた」スピーチとはいえません。聴衆を説得するのに事実や実在の人物の言葉ほど効力のあるものはありません。なぜなら，これらが論旨の動かぬ裏づけとなるからです。それらの事実や言葉は書籍・新聞・インターネットといったあらゆる媒体から入手可能です。

インターネットの出現以来，情報の数は無限化しました。そこで，情報を収集したあとは，スピーチの目的を再度，明らかにしたうえで目的達成に必要なものだけを厳選して引用するよう気をつけなければなりません。実在の人物の言葉を引用する際は，かならずそれが誰の主張であったかを明確にしておきましょう。

3 ― 情報の選択から活用まで

では，実際に「プロジェクト・チームの初顔あわせパーティー」でのスピーチを例に情報選択からスピーチ実施までのステップをみてみましょう。

◆ステップ①：状況の把握

スピーチの依頼を受けた際，最初に行なうのが状況分析です。自分の立場や依頼主の期待することなど現状をじゅうぶんに把握しておきましょう。

[状況]
- スピーカーはプロジェクト・チームのリーダーに任命されました。
- リーダーとしてのスピーチを依頼されています。
- 依頼者はプロジェクト・チームの強化を期待しています。

◆ステップ②：目的の明確化

状況が整理できたら，つぎは目的を設定しなければなりません。

> ［目的］
> ・各メンバーにプロジェクト成功への抱負を理解してもらう。
> ・各メンバーにチームワークの重要性を理解してもらう。

◆ステップ③：カードの選択

　目的を達成するのにふさわしい情報を蓄積されたカードから選びます。ステップ②で設定したように，このスピーチの目的は「プロジェクト成功への抱負」と「チームワークの重要性」をプロジェクトに参加する各メンバーに理解してもらうことです。

　そこで，収集した情報のなかから「メンバーの信頼関係」「チームワークの勝利」がキーになっている，高校時代の県陸上大会での優勝体験を記した題材メモを選択します。

［選抜したカード］

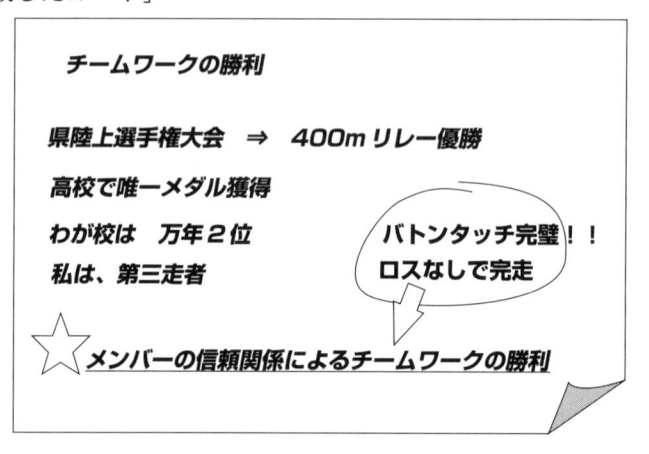

```
　チームワークの勝利

県陸上選手権大会　⇒　400mリレー優勝
高校で唯一メダル獲得
わが校は　万年２位          バトンタッチ完璧！！
私は、第三走者              ロスなしで完走

☆ メンバーの信頼関係によるチームワークの勝利
```

◆ステップ④：主題の決定とポイントの抽出

　カードに書かれた内容からスピーチの目的に照らしあわせて「主題」と「重要ポイント」を書きだします。

　この場合，主題を先に決定し，その主題にあった重要ポイントを個条書きにすることもできますし，また個条書きした重要ポイントを見て，あとで「主題」を決定することもできます。

［主題］　チームワークの勝利

〈重要ポイント〉
- 高校3年生のとき，県陸上大会で優勝し，はじめて金メダルをもらった。
- それまでわが校は万年2位だった。
- 私は第三走者だった。
- 走者間でのバトンタッチは完璧なものであった。
- 完璧なバトンタッチの結果，タイム・ロスがなかった。
- 前の走者を信頼し，走りだすタイミングを決定した。全力で走った。

　いまはパソコンが普及していて情報処理ソフトの開発も進んでいます。しかし，いついかなるときにでも手軽に持ち運びができる情報カードは，現在でも高い支持を得ています。

　　　　　　　＊　　　　　　　＊　　　　　　　＊

　第2章では，目的達成のために必要な情報収集の手法を取りあげました。まず，事実にもとづく「客観的」な情報を用意し，そのうえで個人の考えにもとづく「主観的」な情報を組み込むことがたいせつです。

第4部 | 成功するスピーチの技術

第3章
魅力的なスピーチ原稿を作成する

―――構成のコツ―――

スピーチの材料がそろったら，つぎはスピーチの構成を整え，原稿を作成しなければなりません。構成を考えるうえで便利なツールを二つ紹介します。「思考ツリー」と「アウトライン」です。

思考ツリーは結論を頂点にスピーチ全体の構成をツリー状に整理したもので，アウトラインは構成内容を1枚（あるいは多くとも数枚）の用紙にまとめたものです。（アウトラインの作成方法を学習したいかたは，『英語でプレゼン』の172ページを参照。）

1―思考ツリー

スピーチをするうえでかならず押さえておかなければならないポイントがいくつかあります。それは「①スピーチの結論」「②結論を導いた理由」「③理由の裏づけとなる具体例」で，これらのポイントをツリー状に発展させたものが「思考ツリー」です。

では，実際に，思考ツリーとはどのようなものかをみてみましょう。

「課題」とは想定できる聴衆からの問いかけのことで，「結論」とはその問いかけに対する答えです。そして，「理由」は結論を支える根拠であり，「具体例」はその根拠をくわしく説明したものです。

では，ここで，再度，第2章で用いた「プロジェクト・チームの初顔あわせパーティー」でのスピーチを例に考えてみましょう。

以下が「課題」「結論」「理由」「具体例1」にはいりうるものです。この例に従い，独自の思考ツリーを作成してみてください。

［思考ツリー］

```
            ┌──────────┐
            │   課題   │
            └──────────┘
            ┌──────────┐
            │   結論   │
            └──────────┘
          ┌──────┴──────┐
       ┌─────┐       ┌─────┐
       │理由1│       │理由2│
       └─────┘       └─────┘
        ┌─┴─┐         ┌─┴─┐
    ┌─────┐┌─────┐┌─────┐┌─────┐
    │具体例1││具体例2││具体例1││具体例2│
    └─────┘└─────┘└─────┘└─────┘
```

```
［課題］────プロジェクト成功の鍵を握るものは何か？
［結論］────成功の鍵を握るのはチームワークである。
［理由1］───優れたチームワークは良い結果を導くからだ。
  ［具体例1］─完璧なバトンタッチの結果，わがチームが優勝した。
  ［具体例2］─○○○○○○○○○○○○○○○○○○
［理由2］───○○○○○○○○○○○○○○○○○○
  ［具体例1］─○○○○○○○○○○○○○○○○
  ［具体例2］─○○○○○○○○○○○○○○
```

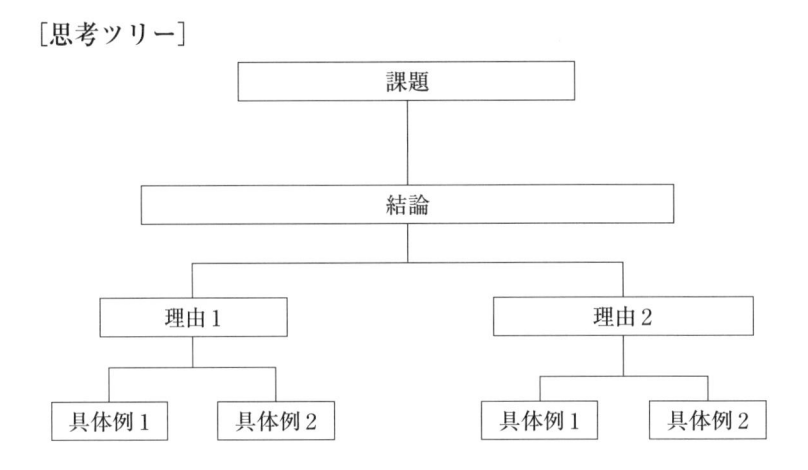

2──アウトライン

　アウトラインは「①イントロダクション」「②ボディー」「③コンクリュージョン」から成り立っています。見た目は書籍の目次のようなものを想像してください。「アウトライン」の用紙として紹介されているものは何種類もありますが，代表的なものを一つ，以下に示します。

　ここでまた，第2章「プロジェクト・チームの初顔あわせパーティー」でのスピーチを例に，アウトライン用紙を埋めてみましょう。

第3章　魅力的なスピーチ原稿を作成する

［アウトライン用紙］（記入例）

＊オープニング
◇イントロダクション
　　　結論：成功の鍵を握るのはチームワークである。
　　　構成：
◇ボディー
　　　Ⅰ：（理由1）優れたチームワークは良い結果を導くからだ。
　　　　　1：（具体例1）完璧なバトンタッチの結果，チームが優勝した。
　　　　　2：
　　　　　3：
　　　Ⅱ：（理由2）
　　　　　1：
　　　　　2：

◇コンクリュージョン
　　　要約：
　　　結論：
＊クロージング：

3—スピーチ原稿の作成

　イントロダクション，ボディー，コンクリュージョンの要素を整理してアウトラインができあがったら，その内容をもとにスピーチ原稿を作成します。スピーチ原稿には思考ツリーやアウトラインで使用された「ポイント」となる説明だけでなく，くわしい描写を加え，ストーリーとして魅力的なものにします。

　以下は，第2章の「プロジェクト・チームの初顔あわせパーティー」でのスピーチ原稿の例です。

> 　プロジェクトの成功の鍵を握るものは何でしょう？　それは「チームワーク」です。**(結論)**
>
> 　　　・・・・・・
>
> 　「チームワーク」が重要であると私が信じる理由にはいくつかあります。その一つは，優れたチームワークが良い結果を導きだすことを知っているからです。**(理由1)**
>
> 　　　・・・・・・
>
> 　高3の県大会のことは，一生涯，忘れることができません。それまで万年2位であったわが校が400メートルリレーで優勝したのです！　それは，「完璧なバトンタッチ」のおかげでした。私たちはお互いを信じ，走りだすタイミングを調整し，全力で走りました。私たちが手にした優勝旗は，時間をかけて築きあげてきた「チームワーク」の結晶です。**(具体例1)**
>
> 　　　・・・・・
>
> 　ほかにもこんなことがありました。それは・・・・・　**(具体例2)**

　さて，ここまでの説明で，収集した情報をどのように思考ツリーに落とし，それをさらにアウトライン用紙に転記し，最後にスピーチ原稿へと作りあげていくかを理解していただけたと思います。
　第4章では，作成した原稿をより完成度の高いスピーチへとつくりあげるトレーング方法を紹介します。

　　　　　　　　＊　　　　　　　＊　　　　　　　＊

　第3章では，スピーチの構成をつくるうえで「思考ツリー」や「アウトライン」といったツールが有用であることをお話ししました。しっかりとした構成ができあがったら，さらに描写を加え，スピーチを魅力的なものにしましょう。

第4部 | 成功するスピーチの技術

第4章
完成度の高いスピーチを行なう

——トレーニングのコツ——

どんなに優れた原稿を手にしても，スピーチ・スキルを磨かなければ，完成度の高いスピーチを実施することはできません。第1章でもスピーチ・スキルの重要性と，スキル・アップ・トレーニングの重要性については説明してきました。第4章では，具体的にどのようなポイントに注意しながらトレーニングを実施するかについて説明します。

1—スピーチ完成までの工程に沿ったトレーニング

スピーチは目的の明確化から始まり，発表を終えるまでにはいくつもの工程を経ています。スピーチの完成までの工程をリニア・フロー（流れ図）を用いて示します。

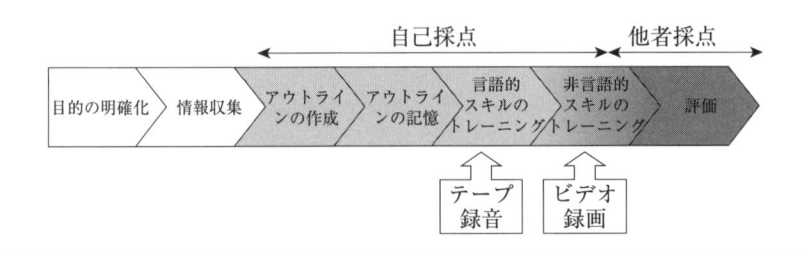

最初のトレーニングはアウトラインの理解・記憶です。つぎが言語的なスキルと非言語的なスキルの強化です。そして，最後が聴衆を前にしたリハーサルです。

［スピーチ完成までの工程］

目的の明確化 ＞ 情報収集 ＞ アウトラインの作成 ＞ アウトラインの記憶 ＞ 言語的スキルのトレーニング ＞ 非言語的スキルのトレーニング ＞ 評価

自己採点：アウトラインの作成〜非言語的スキルのトレーニング
他者採点：評価

言語的スキルのトレーニング ← テープ録音
非言語的スキルのトレーニング ← ビデオ録画

◆アウトラインの理解・記憶

　スピーチのアウトラインを作成するにあたって心がけなければいけないポイントをあげてみましょう。よく整理された準備こそがスピーチ成功の秘訣です。

▶スピーチ・メモの作成

　聴衆を前にして，スピーチ原稿に目を落としながら話すことは好ましくありません。また，スピーチ当日の場の雰囲気や聴衆の反応に応じて内容を変更しなければならないこともあれば，イベント運営側の都合によりスピーチ時間の短縮や延長を余儀なくされることもあります。これらの問題を解決するのがスピーチ・メモです。スピーチ・メモには話す順番やポイントとなる言葉だけを個条書きで記録します。

　以下は，第2章の「プロジェクト・チームの初顔あわせパーティー」でのスピーチ・メモの例です。

① 自己紹介	① 所属や簡単な経歴
② プロジェクトの目的と方針	② 会社の基幹業務となるシステム構築を3年以内に完成させる
③ 成功させるためにはみんなの力が必要	③ それぞれのスキルと強みを集結
④ 学生時代のリレーの話	④ 県大会で優勝
⑤ チームワークがこのプロジェクトで重要	⑤ チームワークが肝心
⑥ 力をあわせてプロジェクトを成功させよう	⑥ まとめ

　スピーチ・メモを作成しておけば，落としてはならない重要ポイントが一目でわかります。また，原稿に終始目を落とす必要がないので，聴衆の反応にあわせて話す内容や順序，あるいは例示などに調整を加えることが可能となり，たいへん便利です。

▶聴衆を意識したトレーニング

　トレーニングの段階から聴衆の存在を意識しておきましょう。聴衆の立ち位置（あるいは座席の位置）を事前に調べ，実際にどの方向に目を向けて話せばよいかを考慮に入れて練習をしましょう。もし，聴衆の座席図などの入手が可能であれば，事前に確認しておくとよいでしょう。

▶スピーチ・メモの暗記

　作成した原稿を一言一句，正確に暗記して話す必要はありません。たいせつなことは，スピーチの筋書きを記憶して，その場の雰囲気や観衆の反応に応じて臨機応変にスピーチの内容に調整を加えることです。そのためにスピーチ・メモに記された内容をある程度は頭に入れておきましょう。

◆言語的なスキル・トレーニング

　言語的なスキルを高めるには，積極的に良いものに触れることです。最初は「読むこと」と「聴くこと」から始めましょう。新聞や書籍，インターネットから視覚的に情報を得ることです。つぎに，優れたスピーカーのスピーチを聴くことです。生のスピーチを聴くことはスキル・アップのうえで理想的です。しかし，物理的にそれがむずかしい場合は，市販のカセットテープやCDでもじゅうぶんです。

　つぎに，原稿を声にだして読んでみましょう。ネイティブ・スピーカーによるテープやCDの入手が可能であれば，ネイティブ・スピーカーの声にあわせて原稿を一緒に読みましょう。

　このように，段階別に練習をしていけば，むりなく言語技術を身につけることができます。

◆非言語的なスキル・トレーニング

　最初は優れたスピーカーを観察することから始めましょう。彼らが，どのように空間を使っているか，どのようにジェスチャーをしているか，どのように聴衆とアイ・コンタクトをしているか——といったことを一つひとつ意識的に観察するのです。教材としては，TV，ビデオ，DVDといったもの

があげられます。ビデオやDVDであれば、何回も見直すことが可能ですから、スキル・アップをめざすには、より良い教材といえるでしょう。

　つぎに、自分自身が実際にスピーチをしてみることです。いま、すぐにできるのが鏡の前での練習です。信頼できる家族や友人に聴衆になってもらい、彼らの前でスピーチをして評価をもらうのもたいへん効果的です。録画できるオーディオ機器の準備が可能であれば、録画した自分のスピーチをセルフ・エバリュエイト（自己評価）し、気になる部分を改善していけば、短期間でのスキル・アップが期待できます。

◆リハーサル

　リハーサルではできるかぎり本番を想定して練習しましょう。とくに注意することは、「①指定時間」「②会場の環境」「③聴衆」の3点を意識して練習することです。

　計時用のストップ・ウォッチやタイマーを利用して正確な時間配分を身につけましょう。また、会場の広さや利用可能な音響器具を事前に調べ、できるかぎり同じ条件で練習しておくとよいでしょう。

　最終のリハーサルは聴衆を前に練習し、聴衆から評価をもらうと、より効果的です。評価を依頼する際は、「スピーチ練習・評価シート」（章末の添付資料を参照）を利用するなどして具体的な評価のポイントを伝えておきましょう。

2　聴衆を惹きつける3要素

　スピーチ本番での「成功」とは何を意味するのでしょうか？　それは、スピーチをとおして聴衆に自分が望む行動を取ってもらうことです。言い換えれば、最初に設定した目的を達成するということです。そのためにはスピーチを魅力的なものにし、聴衆に最後まで聴いてもらわなければなりません。

　スピーカーは、「Visual（視覚情報）」「Vocal（聴覚情報）」「Verbal（言語情報）」の三つの要素でもって聴衆に強い影響を与えるといわれています。アメリカの心理学者アルバート・メラビアンが1971年に提唱したもので、

「3Vの法則&7—38—55ルール」と呼ばれています。

> [聴衆に影響を与える3要素]
> ・Visual （視覚情報：見た目・表情・しぐさ・視線）――55%
> ・Vocal （聴覚情報：声の質・速さ・大きさ・口調）――38%
> ・Verbal （言語情報：言葉そのものの意味）――――――7%

「3Vの法則&7—38—55ルール」によると，聴衆に影響を与える要素のうち，言語的なものは全体のたったの7パーセントにしかすぎず，そのほかの93パーセントは非言語的なものが占めていることがわかります。この法則を見ていただければ，非言語的なスキルの重要性が理解できるでしょう。

3—完成度の高いスピーチをめざす

このように，聴衆の視覚と聴覚へのアピールはスピーチの完成度を高める大きな要素です。聴衆をスピーカーに惹きつけるこの非言語的なスキルの効果的なパフォーマンスについて，さらに具体的に考えてみましょう。

◆視覚的な効果

視覚的な効果をあげるには，とくに姿勢と服装，それにスピーチ中の視線の向け方が大事ですのでふだんから注意をはらい，意識的に練習してかならず身につけるようにしましょう。

▶姿勢

姿勢はスピーチの質を決定する重要な要素です。スピーチの内容やスピーカーの個性に応じて話す姿勢はくふうすべきものです。とくに自分にとって話しやすい姿勢が確立していない場合は，「腕はからだの側面に沿って下におろし，両足は自然な形で開きぎみに立つ」という基本的な姿勢を試してみてください。

また，聴衆の文化的な背景によっては，ポケットに手を入れる姿勢や腕を組む姿勢が好まれない場合があるので気をつけましょう。

[基本的な姿勢]

- あごは心持ひく
- 肩の力をぬく
- 胸は多少はりぎみに
- 背筋、腰、首をまっすぐ伸ばす

- 視覚情報 55%
- 聴覚情報 38%
- 言語情報 7%

▶服装

　会場の雰囲気やスピーチの内容にあわせた服装を選択しましょう。清潔感のあるものであれば，けっして高級な服を着用する必要はありません。服や靴が汚れていないかといった小さな部分に気を使うことこそが聴衆に対する配慮ある姿勢です。

▶視線の向け方

　視線の向け方も非言語的なスキルの重要なポイントです。会場の広さや形によって視線の向け方にも調整を加える必要があります。そこで，視線を定めるためのいくつかの方法をここで紹介します。

[Z字型の視線移動]

　Z字型に視線を移動すれば，会場全体に視線を向けることができます。最初に，会場の後方に視線を置き，そこから手前に視線を移していけば，会場全体に視線を送ることができます。

[特定対話型の視線移動]

　聴衆のなかから話しかける対象を何人か特定し，その一人ひとりに視線を向けていきます。この場合，顔を動かすだけでなく，からだ全体を動かして視線を向ける方向を定めることで会場全体に向けて話しかけているように見えます。

[Z字型の視線移動]

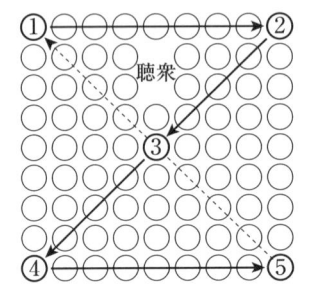

聴衆

スピーカー

◆**聴覚的な効果**

発音・発声・テンポ・抑揚は聴覚的な効果をあげるポイントです。スピーチの完成度が大きく左右されますので研究し，くふうしましょう。

▶**明確な話し方**

聴衆を意識し，大きな声でゆっくりと正確に話しましょう。英語には発音がたいへん似ていても，まったく異なった意味をもつ言葉があります。これらを誤って発音すると，誤解を招くことがあるので気をつけましょう。

▶**発音**

英語の発音はトレーニングによって改善されるものです。日本語には「F」「L」「R」「Th」「V」にあたる発音がありません。これらを発音する際は，唇・歯・舌の位置を意識するよう心がけましょう。また，じゅうぶんなトレーニングは自信の裏づけとなります。英語の早口言葉を利用するのもよいトレーニング方法といえるでしょう。

[英語の早口言葉]
- Red lorry, yellow lorry, red lorry, yellow lorry.
- Six thick thistle sticks. Six thick thistles stick.
- Peter Piper picked a peck of pickled peppers.
- Swan swam over the sea, swim, swan, swim!

- A bloke's back bike brake block broke.
- Thank the other three brothers of their father's mother's brother's side.
- Freshly fried fresh flesh.

▶発声

　会場全体に自分の声が届かないと判断した場合はマイクを利用しましょう。腹式呼吸を意識して発生練習を行なえば，マイクを使用しなくとも，会場全体に届く大きな声がでるようになります。

▶テンポ・抑揚

　スピーチの内容に応じて話し方のテンポや間の置き方をくふうしましょう。独自でトレーニングをする際は，スピーチを録音して確認するとよいでしょう。長いセンテンスは「，」や「．」の部分で意識的に間をおくようにします。そのことで聴衆の理解度を高めることができます。また，抑揚をつけて話すこともたいせつです。適度な高低・強弱・緩急などをつけることで調子に変化がつき，聴衆を惹きつけることができます。

＊　　　　＊　　　　＊

　第4章では，言語的技術と非言語的技術をともに高めるトレーニング方法について説明しました。リハーサルを行なうときは本番を想定するよう心がけましょう。また，目的を達成するためには最後の一言までにも気を使うことが肝心です。

[添付資料] **スピーチ練習・評価シート**

タイトル：＿＿＿＿＿＿＿＿＿＿＿＿＿＿＿＿＿＿＿＿＿＿＿＿＿
発表者名：＿＿＿＿＿＿＿＿＿＿＿＿＿＿＿
発表日時：＿＿＿＿＿＿＿＿＿＿＿＿＿＿＿

（できていれば✓印をつける）

	評価（✓）
■**アウトライン**	
○イントロダクション	
聴衆の興味を引く内容で開始されている。	
聴衆を発表者に向ける内容が含まれている。	
視点が明確に表現されている。	
ボディ部分への導入がなされている。	
○ボディ	
論点が明確に述べられている。	
裏づけする情報や具体例が含まれている。	
○コンクルージョン	
重要な論点の要約がされている。	
再度，結論が述べられている。	
聴衆の気持ちに直接的に訴える内容が含まれている。	
■**内容・構成**	
聴衆の知識レベルにあった内容である。	
聴衆の求めていることを認識した内容である。	
聴衆の興味をじゅうぶんに引く内容が含まれている。	
興味ぶかい事例が選択されている。	
印象に残るステートメントで終了されている。	
■**スピーチ技術**	
テーマ・聴衆を意識し、最適な服装を選択している。	
時間内にまとまっている。	
余裕と自信をもって発表している。	
非言語的表現（ジェスチャー）が自然になされている。	
正しい言語を使用している。	
聴衆に打ち解けてスピーチしている。	
聴衆に対して力強くスピーチしている。	

スピーチの達人たち

　私がいままで英語でのスピーチを聴く機会のあった日本人のなかで,「このかたは達人だ！」と感心したお二人のかたをご紹介したいと思います。

◆格調高く流れるようなスピーチ

　まず，三菱商事の槙原稔さん。スピーチを聴いたのは槙原さんが三菱商事の社長で，私が国際人材開発室長の時代でした。将来の会社を担う幹部候補生を世界中から本社に集めて Global Leadership Program と呼ぶセミナーを開催した際の基調演説（Keynote speech）をお願いしたときでした。その格調高く流れるようなスピーチに，私は思わずため息をついたものです。

　企業のトップがスピーチをするときは，通常，事務局（Secretariat）がスピーチの原稿を作り，これに手を入れてもらう，というプロセスを何度かくり返すものです。しかし，槙原さんの場合は簡単なもので，専門部局から見て重要だと思われるポイントのみを個条書きにすれば，それでおしまいでした。むしろ，全文（full text）の原稿は好まれなかったようです。

　これにはいろいろな理由が考えられますが，まず槙原さんクラスの英語の達人になりますと，並みの部下よりも圧倒的に英語力が上というか，native と同等か，それ以上ですから，下原稿をだしてもムダというのが一つ。また，それ以上に，スピーチの自然な流れは，原稿をたんにだらだらと読むことからは生まれないとのお考えがあったのではないかと思います。槙原さんはロンドンで生まれ育ち，ハーバード大学の卒業ですが，英語の力がダントツなのはもちろん，品のある高貴な雰囲気がとても印象的でした。

◆摩訶不思議な会社の日本語

　槙原さんといえば，あるエピソードを思いだします。社内のある担当部長が自分の所属する部の案件か何かの説明の際に，あまりにも複雑怪奇な日本語をあやつるので，「英語で説明してごらん」とおっしゃったそうです。商社には口から先に生まれてきたような人とか，日本語を話しているはずなの

に，何度聞いても意味不明という人とかが結構います。そうしたことに業を煮やした槙原さんから思わずでた言葉が「英語で説明してごらん」だったというわけです。

　社内の話し言葉だけではなく，書き言葉にも同様に意味不明の文章が多く見られます。そこで，当時社長だった槙原さんは，「社内の公用語を英語にしよう」と提案されたこともあります。この提案は，日本の会社の摩訶不思議な日本語を改めようという真摯で前向きかつ革新的な提案であったにもかかわらず，「日本語を愛する」多くの社員から反発を受け，ついに実現されることはありませんでした。

　槙原さんは日米両方の教育を受けられたかたですが，常々，「英語は論理的な言葉だ」とおっしゃっていました。日本語はたしかに主語を省いたり，単数と複数を明示しなかったりで，ビジネスや科学など厳密さを要求される分野の言葉としてふさわしくない点があるのも事実でしょう。

　英語を日本の公用語にしようという話もありましたが，グローバル化するビジネスの世界に身を置いていると，英語のほうが数倍便利，と思うことは数知れません。メールや文章作成など文字変換を余儀なくされる方式の圧倒的な不利・不便さを痛切に感じているのは，私だけではないでしょう。

◆リーダーにはスピーチ力が不可欠

　もう一人のスピーチの達人は，八城政基さんです。石油会社から銀行に転進とまったく分野の異なる業種のトップを務められ，現在の新生銀行を今日ある優良銀行に変身させた立役者です。

　八城さんのスピーチは，三菱商事や在日米国商工会議所などで聴きましたが，じつに見事です。三菱商事のセミナーにゲスト・スピーカーとしてお招きしたとき，参加者が日本人と外国人が半々くらいなのをご覧になって，八城さんは開始直前に「スピーチは日本語でしますか。英語でしますか？　私はどちらでも結構ですよ」とこともなげにおっしゃるのでした。

　伺ってみると，その日の朝，いつものように早く起きられて，2時間くらいで20ページ以上の原稿を日本語でさらさらと書かれたそうです。「英語でお願いします」と申し上げると，「はい，わかりました」とおっしゃって，

何事もなかったかのように英語で鮮やかなスピーチをなさいました。セミナーのあとで参加者から日本にもこんなすごい経営者がいるのか，と感嘆の声を多く聞きました。

槙原さんも八城さんも，ハーバード・ビジネス・スクールが誇る世界最強の経営者育成プログラムといわれるAMP（Advanced Management Program．上級マネジメントプログラム）の卒業生です。同プログラムには世界中から企業のトップが集まってきて，企業経営に不可欠な会計，財務，マーケティング，人と組織，戦略などの科目を10週間，寝食をともにしながら朝から晩まで勉強します。それは多くの参加者にとっておそらく生涯にただ一度の濃密な学習体験で，終生の友人を得ることができるすばらしい機会です。参加者は30か国にものぼる多様な国々から参加しており，業種もさまざまです。当然，お互いの国やビジネスからできるだけ多くを学び合おうという気持ちが生まれてきます。授業前の朝の研究会，授業の合間のコーヒー・ブレイク，翌日の準備をする夜の勉強会など，ありとあらゆる機会がそうした学びの場であり，自社・自国について説明することが求められます。

このプログラムの重要科目のひとつに，BGIE（＝Business, Government and International Economy）というマクロ経済の科目があります。この科目は，世界の主要国についてケースに記されたさまざまなデータを分析しながら，当該国や地域の経済・政治・社会・法律・環境に対する理解を深めてゆくことを狙いとしています。

授業は通常，教授と参加者が双方向の議論を行なうハーバード流ケース・メソッドで進められますが，そうした通常の授業とはべつに，参加者自身が自国についてスピーチをするセッションもあります。このセッションでは，自国をふり返り，他地域からの参加者に自国の現状や課題，未来戦略などについて明快に語ることが求められます。

槙原さんや八城さんがスピーチの達人であるのはけっして偶然ではありません。グローバルな舞台で活躍するビジネス・パーソンには自国や自社についての深い理解と知見，そしてそれを明快に他者に伝えることができるスピーチ力が求められます。リーダーにとって，スピーチ力は不可欠な能力なのです。

■参考文献 (順不同)

『国際会議・スピーチに必要な英語表現』篠田義明（日興企画）
『パーティー・プレゼンテーションに必要な英語表現』
　　　　　　　　　　篠田義明，D. W. スティーブンソン（日興企画）
『英語ビジネススピーチ実例集』井洋次郎，V. ランダル・マッカーシー
　　　　　　　　　　　　　　　　　　　　　　　　　（ジャパンタイムズ）
『ビジネス英語スピーチ』津田幸男（創元社）
『英語ショート・スピーチ・ハンドブック』津田幸男（創元社）
『今日から使えるビジネススピーチ』小坂貴志，David E. Weber（アルク）
『英語スピーチ・コミュニケーションのすすめ』中島弘（鷹書房弓プレス）
『英語でスピーチ！』細井京子，Ruth C. Fallon（語研）
『新版・英語スピーチ実例集』トミー植松（創元社）
『英語力向上のためのスピーチ学習入門』川村正樹（リーベル出版）
『カーネギー話し方教室』D. カーネギー（ダイヤモンド社）
『論理的に話すための基本英語表現』石井隆之，村田和代（ペレ出版）
『最新版・ビジネス英語スーパーハンドブック』日向清人（アルク）
『国際会議・スピーチに必要な英語表現』
　　　　　　篠田義明，J. C. マスィーズ，D. W. スティーブンソン（日興企画）
『やさしい英語で自分を語る』浦島久（ジャパンタイムズ）
『英語スピーチハンドブック』小林蕗子，ガブリエル・ケネディ，重盛ひろみ
　　　　　　　　　　　　　　　　　　　　　　　　　　　　（小林出版）

●**藤井正嗣**（ふじい・まさつぐ）
▶ 1948年，福岡県に生まれる。
▶ 早稲田大学在学中にカリフォルニア大学（バークレー）に留学し，数学科および同修士課程卒業。ハーバード・ビジネス・スクール AMP（上級マネジメントプログラム）修了（1999）。
▶ 1974年，三菱商事株式会社入社。系列の国際企業でマネージャー，エキュゼキュティブ・ディレクターなどを経て，英語の e ラーニング会社代表取締役や NHK の英語講師を歴任。
▶ 現在，早稲田大学・理工学部教授。経営者や次世代リーダーの育成にも従事。
▶ おもな監著書：『英語で学ぶ MBA ベーシック』（NHK 出版）
『ビジネス英語文書実例集』（ナツメ社），『英語で読み解くハーバード AMP』
『仕事現場の英会話 商社編』『プレゼンのプロが教える戦略的英語プレゼンテーション』（DHC）ほか。

●**野村るり子**（のむら・るりこ）
▶ 1961年，東京に生まれる。
▶ ペンシルベニア州立大学・体育学部卒業。慶應義塾大学大学院において MBA を取得。フルブライト奨学生としてハーバード教育大学院にて EdM を取得。
▶ 日米双方のオリンピック委員会指定クラブにて体操競技を指導。
その後，外資金融・IT 関連企業のトップ・エグゼクティブのもとでビジネス経験を積む。
▶ 現在，ホープス代表取締役。教育コンサルタント。日本体育大学講師（スポーツサービス論）。キャリア・アップや留学準備の講座やスポーツ教室などを開講。
▶ おもな著書：『英語でプレゼン』『英語でミーティング』など。
▶ （株）ホープスURL=http://www.hopes-net.org E-mail=info@hopes-net.org

［協力者］
▶ **原稿作成・英文翻訳**=宮本久男，林省吾，廣瀬祥子，リオ・ミーズ，五十嵐起世子，北村明子，笹倉優子 ▶ **英文スピーチ作成**=佐渡アン（A to Z Sado Enterprises Ltd./GEWEL） ▶ **校正**=林英恵，菅原奈津子，加部東大悟，齋藤太志郎，脇坂文栄，榊原理美，佐野昌行 ▶ **データ収集・整理**=朝川哲司，松本道子，佐々木大介，田中智子，怒賀良平

英語でスピーチ──そのまま使える表現集

2005年3月25日…初版発行	発行者…竹尾和臣
2012年5月1日…3刷発行	制作者…嶋田ゆかり＋友兼清治
	発行所…株式会社日興企画
	〒104-0045 東京都中央区築地2-2-7 日興企画ビル
	電話=03-3543-1050 Fax=03-3543-1288
	E-mail=book@nikko-kikaku.co.jp
	URL=http://www.nikko-kikaku.com
	郵便振替=00110-6-39370
著者……藤井正嗣	印刷所…シナノ印刷株式会社
野村るり子	定価……カバーに表示してあります。

ISBN978-4-88877-642-4 C0082　　©Masatsugu FUJII & Ruriko NOMURA 2005, Printed in Japan

【小社出版物のご案内】 各A5判／定価・価格はすべて税込みです。

木下和好 216ページ・定価2835円	**(CD付) 思ったことが瞬時に言える英会話トレーニング** バイリンガルになれるYouCanSpeakメソッド　複文を自由に使いこなし、より長く情報量の多い英語を思いのままに話せるようになる画期的な独習マニュアル。
浅見ベートーベン 216ページ・定価2100円	**場面別・ネゴシエーションの英語** 社内準備から成約まで／そのまま使える文例と技術　英語のビジネス交渉で直面するさまざまな場面での表現。交渉の特徴・種類・手順・心構え・技術も解説。
西村信勝＋清水和明＋ ジェラルド・ポール・マクリン 304ページ・定価2625円	**基礎からわかる金融英語の意味と読み方** 金融の仕組みを理解し、金融英語を読みこなす上で必ず押えておきたい約120の基本用語をやさしく解説。実務に即した最新情報を盛り込んだ内容。
清水和明 204ページ・定価2100円	**マーケットの目で読む英米の金融・経済記事** 為替、市況、金利と債券、株式、不良債券、投資信託とヘッジ・ファンド、法令遵守等、20の英字新聞・雑誌記事を詳しく解説。
銀林 浩＋銀林 純 240ページ・定価2625円	**基礎からわかる数・数式と図形の英語**　●豊富な用語と用例 日常的に使われ、実務文や技術文にも頻出する算数から高校数学までの用語や数式の英語表現を単元別に解説。
銀林 浩＋銀林 純 220ページ・定価2520円	**基礎からわかる数量と単位の英語**　●豊富な文型と用例 我々日本人にとってやっかいな数や量や単位に関する英語表現を"量"の概念を用いて分野ごとにやさしく解説。
銀林 浩＋銀林 純 200ページ・定価1890円	**図解 子供にも教えたい算数の英語**　●豊富な用語と用例 小学校の算数の教科書に登場する基本用語や語句・規則・文章題など英語表現を図解を豊富に使って単元ごとに解説。
ポール・スノードン＋ 瀬谷ひろ子 221ページ・定価2310円	**言えそうで言えない数の英語**　金融／生活／ビジネス／スポーツ／情報 生活やビジネスに登場し知っていると便利で役に立つ数の英語表現が、練習問題を解きながらパズル感覚で身につく数の英語練習帳。
ポール・スノードン 232ページ・定価2100円	**あなたはこの数を英語で言えますか** 日常の様々な数の英語表現 ─ 数式、数量と単位、割合、時間と年月日、期間と年齢、家計、衣食住、健康、通信 ─ 等を豊富な例文で紹介した用例集。

▼国際ビジネス実戦セミナー

小中信幸＋ 仲谷栄一郎 272ページ・定価2940円	**契約の英語①／国際契約の考え方** 問題を所在をつかむ ─ 「英文」として読む ─ 「契約書」として読む ─ わかりやすく書く ─ ありのままに訳す ─ よく登場する条文を知る
小中信幸＋ 仲谷栄一郎 238ページ・定価2940円	**契約の英語②／売買・代理店・ライセンス・合弁** 国際契約書の平易な例文を素材に、問題点や有利な国際契約を結ぶための交渉方法を、条文ごとにやさしく解説。
岩崎洋一郎＋ 仲谷栄一郎 216ページ・定価2835円	**交渉の英語①／国際交渉の考え方** 交渉とは何か ─ 交渉の準備 ─ 交渉の申し入れ ─ ビジネス面の交渉 ─ 契約書をめぐる交渉 ─ 紛争が生じた際の交渉 ─ 難局を切り抜ける交渉術
岩崎洋一郎＋ 仲谷栄一郎 224ページ・定価2835円	**交渉の英語②／相手を説得する技術** 本題に入るまで ─ 売買契約 ─ 代理店契約 ─ ライセンス契約 ─ 合弁契約 ─ 契約書をめぐる交渉 ─ クレームの交渉
岩崎洋一郎＋ 仲谷栄一郎 220ページ・定価2835円	**交渉の英語③／難局を切り抜ける技術** 主張する・提案する ─ 質問する・答える ─ 同意する・反対する ─ 逃げる ─ 非常事態に対応する ─ トリック戦法

CD版 別売（各 価格2625円）
☆ケース入りセット版（テキスト＋CD＝5460円）もあります